W0035384

Histaminintoleranz Kochbuch

Cornelia Seidel

Cornelia Seidel

HISTAMININTOLERANZ KOCHBUCH

Genussvolle Rezepte für mehr Lebensqualität

IMPRESSUM

www.redfox-verlag.de

1. Auflage 2022
Copyright © Cornelia Seidel

Alle Rechte vorbehalten
Nachdruck, auch in Auszügen, nicht gestattet
Kein Teil dieses Werkes darf ohne schriftliche Genehmigung der Autorin
in irgendeiner Form reproduziert, vervielfältigt oder verbreitet werden

ISBN 978-3-907420-02-7

Lektorat: Marc Hilberer
Druck und Bindung: Amazon.com, Inc.
Kontakt: Michael Stüssi / Seestrasse 65 / 8820 Wädenswil

Haben Sie Fragen oder Anregungen? Dann können Sie uns jederzeit unter
folgender E-Mail-Adresse erreichen:
kontakt@redfox-verlag.de

Lust auf mehr kulinarische Erlebnisse?

Dann holen Sie sich GRATIS eines unserer beliebten Kochbücher. Dafür müssen Sie sich nur 2 Minuten Zeit nehmen und schon senden wir Ihnen ein Exemplar unserer Bücher „Ramen Kochbuch", „Saisonal Kochen" oder das „Smoothie Buch" zu.

In nur drei Schritten haben Sie es:

1. Verfassen Sie eine kurze Rezension auf
   Amazon (QR-Code oder https://amzn.to/3wPUO86)

2. Machen Sie einen Screenshot davon
3. Schicken Sie den Screenshot an folgende Adresse:
   histamin@redfox-verlag.de

Sobald Sie alles erfolgreich durchgeführt haben, senden wir Ihnen gleich Ihr gewünschtes Buch zu.

Wir wünschen Ihnen noch viel Spaß beim Kochen!

INHALTSVERZEICHNIS

Vorwort

Willkommen liebe Leser*innen zu diesem Buch. In diesem Buch geht es um die Histaminintoleranz, was sie überhaupt ist, wie sie sich bemerkbar macht und worauf Sie achten müssen, um so frei von Beschwerden wie möglich durchs Leben zu gehen. Dazu kommen hundert sehr leckere Rezepte, damit Sie in Ihrem Alltag kaum Abstriche machen müssen.Dieses Buch dient als Leitfaden, das Sie auf dem Weg zu einer histaminfreien Ernährung begleiten soll.

Viele Betroffene haben lange gebraucht, bis sie erstmals auf das Thema Histaminunverträglichkeit aufmerksam geworden sind. Bei denen, die aufgrund ihrer Symptome ihre Ernährungsweise geändert haben und auf eine histaminarme beziehungsweise histaminfreie Ernährung umgestiegen sind, zeigt sie gute Resultate.

Um genauso gute Resultate zu erzielen, ist dieses Buch für Sie da. Gerichte für jede Tageszeit, ob ganz klassisch zum Frühstück, Mittag oder Abend. Auch süße Nachspeisen und ein paar Spielereien und Snacks kommen hier nicht zu kurz.

In diesem Sinne, guten Appetit und viel Erfolg auf dem Weg zu einer histaminfreien Ernährung!

Was ist Histaminintoleranz?

Histamin ist keinesfalls irgendein Gift, es ist eine natürliche Substanz, die sich im menschlichen, tierischen und pflanzlichen Gewebe wiederfindet. Histamin ist ein biogenes Amin, welches sich aus Aminosäuren Histidin bildet.

Bei einer Histaminintoleranz reagiert der Körper auf eine erhöhte Menge an Histamin mit Unverträglichkeitsreaktionen. Die Symptome begrenzen sich dabei nicht auf den Magen-Darm-Trakt, sondern können bis zu Kopfschmerzen, Juckreiz oder Quaddeln auf der Haut gehen.

Experten vermuten, dass es sich dabei um eine angeborene Störung im Histaminabbau handelt, die die Histaminintoleranz auslöst. Bei Betroffenen fällt dann im Körper durch die körpereigene Produktion und/ oder eine histaminreiche Ernährung mehr Histamin an, als abgebaut werden kann. So kommt es dann zu den oben genannten Beschwerden.

Worauf muss ich genau achten?

Histamin ist in nahezu allen Lebensmitteln enthalten, jedoch variiert der Histamingehalt stark und kann durch Gärungs- sowie Reifungsprozesse beeinflusst werden. Die Aufnahme von Histamin führt somit zu einer erhöhten Konzentration im Körper. Wenn der Histaminabbau daraufhin nicht gesteigert werden kann, gerät der Histaminumsatz in ein Ungleichgewicht und es können Beschwerden auftreten.

Viele Menschen mit einer Histaminintoleranz vertragen Lebensmittel wie Fleisch und Fisch schlecht bis gar nicht. Einige Gemüsearten enthalten auch von Natur aus Mikroorganismen, die den Histaminwert in Lebensmitteln steigern.

Hier eine Liste mit besonders histaminreichen Lebensmitteln, die als Orientierung dienen kann:

- **Fisch:** Makrele, Hering, Sardine, Thunfisch
- **Käse:** Gouda, Camembert, Cheddar, Emmentaler, Swisstaler, Parmesan
- **Fleisch:** Wurst, Salami, geräucherter Schinken
- **Gemüse:** Sauerkraut, Spinat, Aubergine, Tomaten, Avocado
- **Alkohol:** Rotwein, Weißwein, ober- und untergäriges Bier, Champagner
- **Sonstiges:** Rotweinessig, Sojasoße, Hefepräparate

Sogenannte Histaminliberatoren enthalten zwar weder Histamin noch andere biogene Amine in größeren Mengen, können aber dennoch die Beschwerden einer Histaminintoleranz auslösen. Grund dafür ist, dass körpereigenes Histamin aus bestimmten Zellen im Körper freigesetzt wird. Aufgrund dessen sollten auch diese Lebensmittel bei einer Histaminintoleranz gemieden werden:

- Zitrusfrüchte, Erdbeeren
- Tomaten, Tomatenpüree, Ketchup, Tomatensaft
- Schokolade, Kakao
- Meeresfrüchte (Muscheln, Krebs)
- Nüsse (vor allem Walnüsse und Cashewnüsse)
- Alkohol und sein Abbauprodukt Acetaldehyd

Konkret kann man sagen, dass Lebensmittel der genannten Gruppen möglichst selten auf Ihrem Speiseplan stehen sollten. Das heißt nicht, dass Sie komplett darauf verzichten müssen, das ist individuell von Person zu Person abhängig, wie viel Histamin sie verträgt.

Generell sollten Sie so frisch wie möglich kochen und verderbliche Gerichte, zum Beispiel Fleisch, nicht ein zweites Mal aufwärmen.
Auch wenn Sie regelmäßig außer Haus essen, können Sie auf einen veganen Lebensstil setzen! Bestellen Sie sich dazu in einem Restaurant, in einer Kantine oder in der Mensa einfach einen Salatteller, Frühlingsrollen oder eine Gemüsesuppe.

Zu guter Letzt: Vor allem bei chinesischen Restaurants finden Sie eine große Auswahl an veganen Speisen.
Denken Sie nur einmal an gebratenen Reis oder an Nudeln mit Gemüse. Auch gebratener Tofu oder Thai-Curry mit Kokosmilch sowie eine gebackene Banane sind meist vegan (hier auf den Honig verzichten) und schmecken köstlich!

Sie schaffen das!

Ihre Cornelia

Frühstückgerichte und Aufstriche

Ein guter Start in den Tag beginnt mit einem herrlichen Frühstück

Kürbis-Hirse-Brei

 Portionen
4

 Zubereitungszeit
40 min

 Kalorien p. P.
271 kcal

— ZUTATEN —

- 400 g Kürbis
- 200 g Kartoffeln
- 150 g Hirse
- 400 ml Wasser

- ½ Apfel
- 100 g Apfelsaft
- 1 EL Rapsöl

— ZUBEREIUNG —

1. Zuerst den Kürbis und die Kartoffeln waschen, schälen und würfeln. Zugedeckt mit Hirse und 400 ml Wasser in einen Topf geben und bei mittlerer Hitze etwa 15 Minuten köcheln lassen.

2. Äpfel waschen, schälen, entkernen, würfeln und 5 Minuten garen. Rühren Sie den Brei ständig um, um ein Anbrennen zu vermeiden.

3. Vom Herd nehmen und Apfelsaft und -püree hinzufügen. Bei Bedarf mit Wasser verdünnen. Fügen Sie vor dem Servieren pro Portion einen Teelöffel natives Rapsöl hinzu.

4. Hinweis: Nach dem Abkühlen können Sie das Hirse-Kürbis-Püree portionsweise einfrieren.

Kaiserschmarrn mit Apfelmus und Preiselbeerkompott

 Portionen
3

 Zubereitungszeit
20 min

 Kalorien p. P.
570 kcal

— ZUTATEN —

- 150 g Dinkelmehl
- 4 Eier
- 50 g Rohrzucker
- 200 ml Milch 1,5 % Fett
- Salz
- 1 Packung Vanillezucker
- 3 EL Butter
- 200 g Apfelmus
- 100 g Preiselbeerkompott
- 1 TL Puderzucker

— ZUBEREIUNG —

1. Zuerst die Eier trennen und das Eiweiß steif schlagen. Beiseitelegen.
2. Eigelbe, Salz, Zucker und Vanillezucker mit einem Handmixer schaumig schlagen.
3. Dann nach und nach zuerst das Mehl und die Milch unter die Eigelb-Zucker-Mischung rühren. Fügen Sie nun das Soda hinzu.
4. Zum Schluss das geschlagene Eiweiß vorsichtig unterheben.
5. Die Hälfte der Butter in einer großen Pfanne erhitzen, dann die Hälfte des Kaiserschmarrn-Teigs in die Pfanne geben. 3-5 Minuten braten, bis die Unterseite goldbraun ist. Dann in Viertel schneiden und jedes Viertel leicht wenden.
6. Kurz weiterbraten, dann mit einem Pfannenwender in mundgerechte Stücke schneiden und von allen Seiten goldbraun braten.
7. Mit dem restlichen Teig für den zweiten Kaiserschmarrn ebenso verfahren. Den fertigen Kaiserschmarrn mit Puderzucker bestreuen und mit Apfelmus und Preiselbeermarmelade servieren.

Schnelles Kokos-Hafer-Müsli

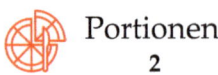 Portionen
2

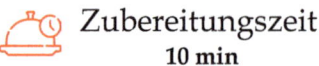 Zubereitungszeit
10 min

 Kalorien p. P.
464 kcal

—— ZUTATEN ——

- 100 g Haferflocken
- 40 g Mandeln
- 1 EL Reissirup
- ½ TL Zimt

- 400 g Naturjoghurt
- 1 EL Kokosflocken
- 1 EL Chiasamen
- 3 EL Wasser

—— ZUBEREIUNG ——

1. Zuerst Chiasamen mit 3 Esslöffeln Wasser in einer kleinen Schüssel mischen und 5 Minuten einweichen lassen.
2. In der Zwischenzeit Mandeln grob hacken und zusammen mit Ahornsirup und Zimt in die Müslischale geben.
3. Joghurt und Haferflocken hinzugeben und gut vermischen. Dann die Chiasamen unterrühren.
4. Kokosflocken über das fertige Hafer-Nuss-Müsli streuen. Mit anderen Nüssen garnieren.

Vegane Quinoa-Bowl

 Portionen
2

 Zubereitungszeit
25 min

 Kalorien p. P.
569 kcal

— ZUTATEN —

- 200 g Quinoa
- 400 ml Gemüsebrühe
- ½ Gurke
- 1 Paprika rot
- 1 Paprika gelb
- 6 Blätter Kopfsalat
- ½ Zucchini
- 6 EL Kokosmilch
- 1 EL Olivenöl
- 2 EL Apfelmus
- Etwas Salz
- 1 EL Verjus histaminfrei

— ZUBEREIUNG —

1. Quinoa zuerst durch ein Sieb in heißem Wasser spülen, dann abgießen, um die Bitterstoffe herauszuspülen. Währenddessen 400 ml Gemüsebrühe aufkochen, Quinoa kurz darin aufkochen. Sobald es sprudelt, etwa 15 Minuten köcheln lassen, bis die Quinoa das Wasser aufgenommen hat. Kühlen und mit einer Gabel auflockern.

2. In der Zwischenzeit Gurken, Paprika, Zucchini und Salat waschen, trocknen und in mundgerechte Stücke schneiden.

3. Kokosmilch mit Öl, Saft und Apfelmus verrühren und mit Salz abschmecken.

4. Das Kokosmilch-Dressing mit dem Gemüse in die Quinoa geben. Abgeschlossen!

Gesundes Hanfsamen-Hafer-Porridge

 Portionen
2

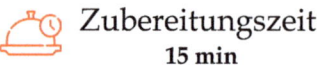 Zubereitungszeit
15 min

 Kalorien p. P.
500 kcal

— ZUTATEN —

- 80 g Haferflocken
- 2 EL Haferkleie
- 5 EL Hanfsamen
- 1 Apfel

- 3 EL Leinsamen
- 500 ml Haferdrink Natur
- 1 Prise Salz
- 1 Prise Vanille

— ZUBEREIUNG —

1. Mischen Sie zuerst Haferflocken, Haferkleie und Leinsamen mit Hafermilch in einer Pfanne. Fügen Sie eine Prise Salz und Vanille hinzu. Bei mittlerer Hitze zum Kochen bringen. Ab und zu umrühren. Unter ständigem Rühren 5 Minuten köcheln lassen.

2. Anschließend den Brei etwas abkühlen lassen (ca. 7 Minuten). Rühren Sie die Hanfsamen ein und gießen Sie den Brei in zwei Schüsseln.

3. Äpfel waschen, Kerngehäuse entfernen und in Stücke schneiden. Die Apfelstücke auf das Porridge legen und servieren.

Einfaches Gersten-Porridge

 Portionen
2

 Zubereitungszeit
10 min

 Kalorien p. P.
324 kcal

— ZUTATEN —

- 100 g Gerstenflocken
- 400 ml Hafermilch
- 1 TL Zimt
- 1 EL Ahornsirup
- 1 EL Mandeln gehackt
- 100 g Heidelbeeren

— ZUBEREIUNG —

1. Zunächst die Gerstenflocken mit der Hafermilch, dem Ahornsirup und dem Zimt in einen Topf geben, aufkochen und 5–10 Minuten köcheln lassen, bis ein cremiger Brei entsteht.

2. Porridge auf 2 Schalen verteilen und mit Heidelbeeren und Mandeln garnieren.

Glutenfreie Pfannkuchen

 Portionen
3

 Zubereitungszeit
20 min

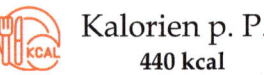 Kalorien p. P.
440 kcal

—— ZUTATEN ——

- 200 g glutenfreie Mehlmischung
- 300 ml Milch
- 2 EL Zucker
- 2 Eier
- 1 Prise Salz
- 6 TL Rapsöl

—— ZUBEREIUNG ——

1. Für den glutenfreien Pfannkuchenteig zunächst Milch, Zucker, Eier, Salz und leichte glutenfreie Mehlmischung mit einem Mixer verrühren.

2. Öl in einer Pfanne erhitzen und einen kleinen Löffel glutenfreien Pfannkuchenteig in die Mitte der Pfanne geben. Schwenken Sie sie vorsichtig, um den Teig zu verteilen. Dadurch werden die Pfannkuchen extra dünn.

3. Pfannkuchen einzeln braten und warm halten. Sie schmecken köstlich mit Früchten wie Heidelbeeren, Apfelmus oder Ahornsirup.

4. Dieses glutenfreie Pfannkuchenrezept ergibt ungefähr 6 dünne glutenfreie Pfannkuchen.

Leckeres Pflaumenmus ohne Zucker

 Portionen
10

 Zubereitungszeit
15 min

 Kalorien p. P.
91 kcal

— ZUTATEN —

- 2 kg Pflaumen
- 1 TL Zimt
- Etwas Vanille

— ZUBEREIUNG —

1. Zuerst den Backofen auf 180 °C vorheizen.
2. Pflaumen waschen, vierteln und mit Steinen zerdrücken.
3. Die Pflaumen in die Kasserolle geben, Zimt und Vanille dazugeben und im Ofen ca. 2 Stunden backen. Öffnen Sie regelmäßig die Backofentür, damit Flüssigkeiten entweichen können. Zwischendurch die Pflaumen unterrühren.
4. Anschließend die Pflaumen pürieren. Wenn Sie möchten, dass es etwas dünner wird, verlängern Sie die Schlammzeit entsprechend.
5. Dann kochen Sie zwei Frischhaltegläser und gießen Sie die heiße Pflaumensauce hinein. Hinweis: Aufgrund der konservierenden Wirkung des Zuckers ist dieses ungesüßte Pflaumenmarmelade nicht sehr lange haltbar und sollte innerhalb von 3 bis 4 Wochen aufgebraucht werden. Nach dem Öffnen des Glases kann es bis zu 4 Tage im Kühlschrank aufbewahrt werden.

Kartoffel-Feta-Rührei

 Portionen
2

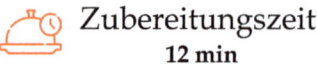 Zubereitungszeit
12 min

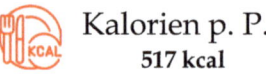 Kalorien p. P.
517 kcal

—— ZUTATEN ——

- 4 Eier
- 125 g Feta
- 40 g Sesam

- 200 g Kartoffeln
- Etwas Salz
- Etwas Pfeffer

—— ZUBEREIUNG ——

1. Kartoffeln schälen, waschen und in kleine Stücke schneiden. Dann kochen Sie sie.
2. Den Feta in kleine Stücke zerkleinern und in eine Schüssel geben. Eier, Sesamsamen und Salzkartoffeln dazugeben und gut vermischen. Mit Salz und Pfeffer würzen.

3. Nun eine beschichtete Pfanne erhitzen und die Ei-Feta-Kartoffel-Mischung unter ständigem Rühren innerhalb von 5 Minuten zu Rührei verarbeiten.

Hirsebrei mit Apfelspalten

 Portionen
2

 Zubereitungszeit
10 min

 Kalorien p. P.
337 kcal

— ZUTATEN —

- 100 g Hirse
- 400 ml Milch
- Etwas Honig
- 1 Apfel
- 2 Zweige Johannisbeeren
- 2 Prisen Zimt

— ZUBEREIUNG —

1. Hirse und 300 ml Milch in einer Pfanne etwa 15–20 Minuten kochen. Ab und zu umrühren.

2. In der Zwischenzeit die meisten Äpfel klein schneiden, etwa zur Hälfte garen und zur Hirse geben. Die restlichen Äpfel in dünne Scheiben schneiden.

3. Gegen Ende der Garzeit die restliche Milch dazugeben, damit der Brei schön glatt wird.

4. Rühre nun den Honig und den Zimt in den fertigen Hirsebrei. Mit Apfelspalten und Stachelbeeren garnieren.

Schnelle Kräuteromelette für zwischendurch

 Portionen
4

 Zubereitungszeit
25 min

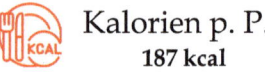 Kalorien p. P.
187 kcal

—— ZUTATEN ——

- 8 Eier
- 50 g Kräuter (Dill, Schnittlauch, Petersilie, Kerbel)
- 1 EL Roggenmehl

- 60 ml Wasser
- Etwas Meersalz
- Etwas Muskatnuss

—— ZUBEREIUNG ——

1. Eier trennen, Eigelb mit gehackten Kräutern (Dill, Schnittlauch, Petersilie, Kerbel), Mehl, Wasser, Meersalz und geriebener Muskatnuss vermengen.
2. Eiweiß schlagen und locker unterheben.
3. In einer gefetteten Bratpfanne vier Spiegeleier von beiden Seiten goldbraun braten, dann zusammenklappen und servieren.

Gemüse-Fritatta mit Hüttenkäse

 Portionen
2

 Zubereitungszeit
12 min

 Kalorien p. P.
441 kcal

—— ZUTATEN ——

- 4 Eier
- 100 g Hüttenkäse
- 50 ml Milch
- 2 Frühlingszwiebeln
- 1 Paprika rot
- ½ Brokkoli
- 50 g gekochter Schinken
- 1 TL Salz
- Etwas schwarzer Pfeffer
- 2 EL Olivenöl
- Etwas Basilikum

— ZUBEREIUNG —

1. Waschen Sie zuerst den Brokkoli und die grüne Paprika, entfernen Sie die Samen von der grünen Paprika und schneiden Sie den Brokkoli und die grüne Paprika in mundgerechte Stücke. Schalotten waschen und hacken. Die Schalotten in etwa 2 EL Olivenöl bei mittlerer Hitze anschwitzen. Nun die Paprika und den Brokkoli in den Topf geben. Zudecken und 2 bis 3 Minuten kochen lassen.

2. Nun den Schinken in dünne Streifen schneiden. Basilikum waschen und hacken. Heben Sie ein paar Blätter für die Dekoration auf.

3. In einer Schüssel Eier mit Milch verquirlen und mit Salz und Pfeffer würzen. In der Zwischenzeit Schinken, Käse und Basilikum hinzugeben. Gießen Sie die Eimischung in die Pfanne und bedecken Sie das Gemüse. Zugedeckt bei schwacher Hitze etwa 12 Minuten garen.

4. Sie können die Frittata heiß oder kalt servieren.

Mandel-Schoko-Aufstrich

 Portionen
20

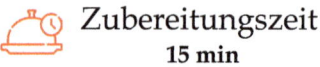 Zubereitungszeit
15 min

 Kalorien p. P.
69 kcal

— ZUTATEN —

- 150 g Erdmandelmehl
- 50 g Puderzucker
- 50 g Rapsöl
- 50 g weiße Schokolade
- 1 Prise Speisesalz

— ZUBEREIUNG —

1. Mischen Sie zunächst das Erdmandelmehl mit dem Zucker.
2. Geben Sie Öl, Salz und die geschmolzene weiße Schokolade dazu.

3. Mischen Sie die Zutaten mit dem Pürierstab, bis sich eine streichfähige Masse ergibt. Geben Sie, wenn die Masse zu trocken ist, ein wenig Wasser dazu.

Leckere Kräuterpfannkuchen

 Portionen
4

 Zubereitungszeit
35 min

 Kalorien p. P.
426 kcal

— ZUTATEN —

- 250 g Dinkelmehl
- 3 Eier
- 350 ml Milch
- 1 rote Zwiebel
- 1 TL Salz
- Etwas Basilikum
- Etwas Petersilie
- Etwas Dill
- 5 EL Rapsöl

— ZUBEREIUNG —

1. Vermengen Sie zunächst Dinkelmehl, Eier, Salz und Milch mit einem Mixer zu einem dünnen Pfannkuchenteig und lassen Sie ihn etwa 20 bis 30 Minuten quellen.

2. Schälen Sie in der Zwischenzeit die Zwiebel und hacken Sie sie fein. Waschen Sie die Kräuter, zupfen Sie sie und hacken Sie sie ebenfalls fein.

3. Rühren Sie die Zwiebel und Kräuter unter den Kräuterpfannkuchen-Teig.

4. Erhitzen Sie eine beschichtete Pfanne mit ein wenig Öl, geben Sie den Teig mit einer Kelle in die Pfanne und backen Sie den Kräuterpfannkuchen von beiden Seiten hellbraun.

5. Legen Sie den Kräuterpfannkuchen auf einen Teller und halten Sie ihn im Backofen warm. Backen Sie weitere Kräuterpfannkuchen aus,bis der Pfannkuchenteig aufgebraucht ist.

6. Der Teig reicht für 4 große oder 8 kleine Kräuterpfannkuchen.

Zucchini-Omelett mit frischem Basilikum

 Portionen
2

 Zubereitungszeit
15 min

 Kalorien p. P.
205 kcal

— ZUTATEN —

- 1 ½ Zucchini
- 1 Zwiebel
- 4 Eier
- 1 EL Milch
- 100 g Basilikum
- Etwas Pfeffer
- 1 EL Olivenöl

— ZUBEREIUNG —

1. Zuerst die Zwiebel in kleine Würfel schneiden. Zucchini waschen, putzen und mit einer Reibe grob raspeln.
2. Eier aufschlagen und mit Milch und Salz verquirlen.
3. Basilikumblätter waschen, in dünne Streifen schneiden und unter die Ei-Milch-Mischung mischen.
4. Nun das Öl in einer beschichteten Pfanne erhitzen und die Zwiebel glasig dünsten. Gehackte Zucchini hinzugeben und 1 Minute anbraten. Die Ei-Milch-Mischung zugießen und bei mittlerer Hitze 2 Minuten erhitzen.
5. Das Omelett zusammenfalten und weitere 2 Minuten braten.

Low Carb Quarkfrühstück mit Leinsamen und Heidelbeeren

 Portionen
1

 Zubereitungszeit
10 min

 Kalorien p. P.
424 kcal

—— ZUTATEN ——

- 150 g Magerquark
- 2 EL Leinöl
- 4 EL Leinsamen
- 4 EL Milch
- 50 g Heidelbeeren
- Ein paar Johannisbeeren

— ZUBEREIUNG —

1. Zunächst Magerquark, naturbelassenes Leinöl und gemahlene Leinsamen mit Milch verrühren und leicht aufgehen lassen.

2. In der Zwischenzeit die Blaubeeren waschen, trocknen und vorsichtig umrühren. Nach Belieben können Sie es mit Blaubeeren und Johannisbeeren garnieren. Fertig ist das leckere und gesunde Leinsamen-Quark-Frühstück!

Schneller veganer Kokosmilchreis

 Portionen
4

 Zubereitungszeit
40 min

 Kalorien p. P.
448 kcal

— ZUTATEN —

- 500 ml Kokosmilch
- 250 g Wasser
- 150 g Milchreis
- 3 EL Ahornsirup
- 1 Zimtstange

— ZUBEREIUNG —

1. Zunächst den Milchreis mit Kokosmilch, Wasser, Zimtstangen und Ahornsirup in einen Topf geben, aufkochen und unter ständigem Rühren 5 Minuten kochen lassen.

2. Hitze herunterschalten, Zimtstange vorsichtig entfernen und den Kokospudding etwa 30 Minuten an der tiefsten Stelle aufgehen lassen. Ab und zu umrühren.

3. Veganer Kokosmilchreis kann pur oder mit frischen Früchten, Samen und Nüssen genossen werden!

Spiegelei im Paprikaring

 Portionen
2

 Zubereitungszeit
12 min

 Kalorien p. P.
354 kcal

— ZUTATEN —

- 4 Eier
- 3 Paprika
- Etwas Rapsöl
- Etwas Salz
- Etwas Pfeffer
- 3 EL Sesam

— ZUBEREIUNG —

1. Waschen und entkernen Sie die größtmöglichen farbigen Paprikaschoten, schneiden Sie die Paprikaschoten nicht in zwei Hälften. Aus der Mitte der Paprika 4 geschlossene Ringe schneiden. Restliche Paprika in kleine Würfel schneiden.

2. In einer großen Bratpfanne etwas Speiseöl hinzufügen und die Hälfte der Paprika 2 bis 3 Minuten braten und beiseitestellen.

3. Legen Sie die beiden Paprikaringe in die Pfanne und gießen Sie das Ei vorsichtig in die Mitte. Nach 4 bis 5 Minuten sind die Spiegeleier fertig. Chili und Spiegeleier mit Salz und Pfeffer würzen. Beides auf einen Teller geben und etwas Sesam darüber streuen.

Vollkornbaguette mit Dill-Hüttenkäse-Aufstrich

 Portionen
4

 Zubereitungszeit
10 min

 Kalorien p. P.
323 kcal

— ZUTATEN —

- 400 g Hüttenkäse
- 1 Vollkornbaguette
- 20 g Dill
- 100 g Crème fraîche
- 1 Knoblauchzehe
- Etwas Salz
- Etwas Pfeffer
- ¼ Gurke
- 6 Radieschen
- 1 Tomate

— ZUBEREIUNG —

1. Zuerst den Knoblauch schälen und hacken. Den Dill von den Stielen entfernen und hacken.

2. Für den Aufstrich Hüttenkäse, Crème fraîche, Dill, Knoblauch, Salz und Pfeffer mischen.

3. Gurken, Radieschen und Tomaten waschen und in dünne Streifen schneiden.

4. Den fertigen Aufstrich auf Vollkornbrot streichen und mit Gurken, Radieschen, Tomaten und restlichem Dill bestreuen.

Leckerer Gurken-Frischkäse-Aufstrich

 Portionen
2

 Zubereitungszeit
10 min

 Kalorien p. P.
176 kcal

—— ZUTATEN ——

- 1 Gurke
- 300 g körniger Frischkäse
- 1 Packung Kresse
- 3 Prisen Salz

— ZUBEREIUNG —

1. Schälen Sie zunächst die Salatgurke, halbieren Sie sie längs und schaben Sie mit einem Löffel die Kerne heraus.

2. Raspeln Sie anschließend die Gurke mit einer Reibe in eine Schüssel.

3. Geben Sie nun den körnigen Frischkäse dazu und schmecken Sie mit Salz ab. Vermengen Sie alles gut miteinander. Schneiden Sie die Kresse aus der Packung und mischen Sie sie als letztes unter.

Salate

Die knackigen Salate sorgen für genügend Vitamine und Mineralstoffe

Eiweißreicher Salat mit Hüttenkäse

 Portionen
1

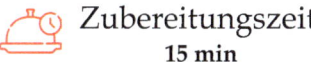 Zubereitungszeit
15 min

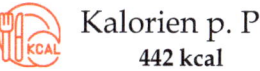 Kalorien p. P.
442 kcal

—— ZUTATEN ——

- 200 g Hüttenkäse
- ½ Salatgurke
- 1 Paprika
- 1 EL Leinöl

- 1 EL Leinsamen
- Etwas Salz
- Etwas Pfeffer
- Etwas Petersilie

— ZUBEREIUNG —

1. Paprika und Gurken waschen, in mundgerechte Stücke schneiden und in eine Schüssel geben. Petersilie waschen, trocknen, von den Stielen befreien und hacken.

2. Leinöl, Leinsamen und Gewürze mischen und unter das Gemüse rühren. Nun den Käse vorsichtig unterheben, alles abschmecken und fertig ist ein leckerer Käsesalat.

Rote-Bete-Salat

 Portionen
4

 Zubereitungszeit
20 min

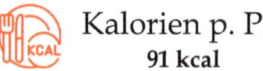 Kalorien p. P.
91 kcal

— ZUTATEN —

- 500 g Rote Bete
- 1 TL Kümmel
- ¼ TL Verjus
- 3 EL Distelöl
- Etwas Zucker
- Etwas Salz
- 8-10 EL Wasser
- ½ Zwiebel
- ½ Bund Petersilie

— ZUBEREIUNG —

1. Schälen Sie zunächst die Rote Bete roh. Raspeln Sie mit einer Reibe die Rote Bete in Stifte.
2. Würfeln Sie die Zwiebel ganz klein, schwitzen Sie sie in etwas Öl an und geben Sie sie zum Salat dazu.
3. Stellen Sie nun eine Vinaigrette aus dem Öl, Essig, Salz, Zucker und Wasser her und geben Sie sie über die Rote Bete. Streuen Sie dann den Kümmel darüber.
4. Lassen Sie das Ganze im Kühlschrank gut durchziehen und schmecken Sie danach noch mal mit Salz ab und garnieren Sie mit der Petersilie.

Weißkohlsalat mit Paprika

 Portionen
4

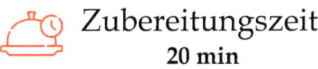 Zubereitungszeit
20 min

 Kalorien p. P.
157 kcal

—— ZUTATEN ——

- 500 g Weißkohl
- 1 Paprika
- 50 g Verjus
- 1 TL Zucker

- Etwas Salz
- Etwas Pfeffer
- 50 g Rapsöl

— ZUBEREIUNG —

1. Schneiden Sie zunächst Paprika und Weißkohl ohne Strunk in dünne Streifen oder hobeln Sie sie.
2. Vermengen Sie Pfeffer, Essig-Ersatz, Salz, Zucker und Öl und vermischen Sie es mit Weißkohl und Paprika.
3. Geben Sie den Weißkohlsalat in eine Schüssel, quetschen Sie ihn mit der Hand, lassen Sie ihn mindestens 2 Stunden ziehen und schmecken Sie ihn ab.

Sächsischer Kartoffelsalat

 Portionen
8

 Zubereitungszeit
25 min

 Kalorien p. P.
110 kcal

— ZUTATEN —

- 500 g festkochende Kartoffeln
- 1 Becher Sauerrahm
- 1 Becher Sahne
- 1 rote Zwiebel
- Salatkräuter

— ZUBEREIUNG —

1. Kochen Sie zunächst die Kartoffeln in Salzwasser gar und lassen Sie sie etwas abkühlen. Schneiden Sie sie dann in Scheiben. Schneiden Sie die Zwiebel fein und geben Sie alles in eine große Schüssel.

2. Vermengen Sie jetzt in einer kleinen Schüssel den Sauerrahm mit der Sahne, sodass eine flüssige Creme entsteht. Würzen Sie gut mit Salatkräutern. Es kann ruhig etwas versalzen schmecken. Geben Sie eventuell noch ein Bund klein gehackte Petersilie dazu.

3. Verteilen Sie jetzt die Soße über die Kartoffeln und vermengen Sie alles.

4. Lassen Sie den Salat im Kühlschrank ziehen, würzen Sie kurz vor dem Servieren noch mal nach und verflüssigen Sie ihn gegebenenfalls mit Sahne.

Leckerer Chicorée-Salat

 Portionen
2

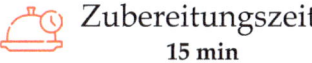 Zubereitungszeit
15 min

 Kalorien p. P.
273 kcal

—— ZUTATEN ——

- 300 g Chicorée
- 1 Apfel
- 1-2 Möhren
- 1 TL Kürbiskerne
- 1/2 Becher Sauerrahm
- 1 Schuss Sahne

- 1 TL Agavendicksaft
- 3 EL Wasser
- 1 Schuss Olivenöl
- 1 TL Petersilie
- 1/2 TL Zitronengras
- 1/2 TL Salz

— ZUBEREIUNG —

1. Mischen Sie zuerst alle Zutaten für das Dressing zusammen und schmecken Sie es ab.
2. Schneiden Sie dann den Chicorée in Streifen. Waschen Sie den Apfel und schneiden Sie ihn in kleine Stücke.
3. Hobeln Sie die Möhre oder schneiden Sie sie in dünne Scheiben.
4. Geben Sie alles in das Dressing und vermengen Sie es gut.
5. Streuen Sie zum Schluss noch die Kürbiskerne über den Salat.

Klassischer Gurkensalat

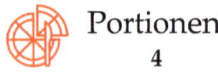 Portionen
4

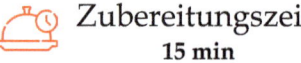 Zubereitungszeit
15 min

 Kalorien p. P.
161 kcal

— ZUTATEN —

- 2 - 3 Salatgurken
- 1 Bund Dill
- 2 TL Salz
- 1/2 Becher Sauerrahm

— ZUBEREIUNG —

1. Schälen Sie zunächst die Gurken und hobeln Sie sie in Scheiben.

2. Bestreuen Sie sie mit Salz und lassen Sie sie für 10 Minuten ziehen. Das Salz entzieht den Gurken das Wasser. Drücken Sie dann die Gurken kräftig mit der Hand aus und gießen Sie das überschüssige Wasser ab.

3. Geben Sie einen halben Becher Sauerrahm dazu und mischen Sie alles kräftig durch. Würzen Sie mit Dill und ggf. Salz.

Dinkel-Nudelsalat

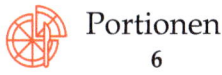 Portionen
6

 Zubereitungszeit
20 min

 Kalorien p. P.
380 kcal

—— ZUTATEN ——

- 400 g Dinkelnudeln
- 1 rote Paprika
- 1/2 Salatgurke
- 1 Möhre

- 1 Becher Sauerrahm
- 1 Becher Sahne
- Salatkräuter

—— ZUBEREIUNG ——

1. Kochen Sie zunächst die Nudeln nach Packungsanleitung und lassen Sie sie abkühlen. Träufeln Sie etwas Öl über die Nudeln, damit sie nicht zusammenkleben.
2. Putzen Sie die Paprika, die Gurke und die Möhren und schneiden Sie sie in kleine Würfel. Vermengen Sie sie nun mit den Nudeln.
3. Vermengen Sie jetzt in einer Schüssel den Sauerrahm mit der Sahne, sodass eine flüssige Creme entsteht. Würzen Sie gut mit den Salatkräutern. Geben Sie eventuell noch einen Bund kleingehackte Petersilie dazu.
4. Lassen Sie den Salat im Kühlschrank ziehen und schmecken Sie ihn kurz vor dem Servieren nochmals ab.

Schwäbischer Kartoffelsalat

 Portionen
6

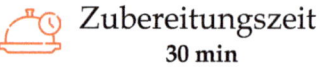 Zubereitungszeit
30 min

 Kalorien p. P.
165 kcal

—— ZUTATEN ——

- 800-1000 g festkochende Kartoffeln
- ½ Salatgurke
- 200 ml Gemüsebrühe
- 1 TL Essigessenz
- 5 EL Distelöl
- 1 TL Zucker

—— ZUBEREIUNG ——

1. Kochen Sie zunächst die Nudeln nach Packungsanleitung und lassen Sie sie abkühlen. Träufeln Sie etwas Öl über die Nudeln, damit sie nicht zusammenkleben.
2. Putzen Sie die Paprika, die Gurke und die Möhren und schneiden Sie sie in kleine Würfel. Vermengen Sie sie jetzt mit den Nudeln.
3. Vermengen Sie nun in einer Schüssel den Sauerrahm mit der Sahne, sodass eine flüssige Creme entsteht. Würzen Sie gut mit den Salatkräutern. Geben Sie eventuell noch ein Bund kleingehackte Petersilie dazu.
4. Lassen Sie den Salat im Kühlschrank ziehen und schmecken Sie ihn kurz vor dem Servieren nochmals ab.

Einfacher Feldsalat mit Croûtons

 Portionen
1

 Zubereitungszeit
20 min

 Kalorien p. P.
315 kcal

—— ZUTATEN ——

- Eine Handvoll Feldsalat
- ½ Rote Bete (roh)
- Einen kleinen Chicorée
- Eine Handvoll frische Champignons
- 2 Scheiben reinen Dinkeltoast

- 3 Stiele Petersilie
- 2 TL Salatkräuter
- 2 EL Schmand oder Frischkäse
- Etwas Sahne
- Olivenöl
- Salz

—— ZUBEREIUNG ——

1. Waschen Sie zunächst den Feldsalat. Waschen Sie den Chicorée und schneiden Sie ihn in Ringe. Richten Sie beides in einer Salatschüssel an.

2. Braten Sie die Champignons in etwas Öl an und lassen Sie sie etwas abkühlen. Schneiden Sie das Toastbrot in kleine Würfel und braten Sie es in Öl an, bis es schön knusprig geworden ist. Wenden Sie die Toastbrotwürfel dabei öfter.

3. Halbieren Sie die Rote Bete, schälen Sie sie und raspeln Sie sie in kleine Stifte. Richten Sie sie auf dem Salat an.

4. Mischen Sie für das Dressing 2 TL Salatkräuter mit 2 EL Schmand. Geben Sie einen kleinen TL Öl sowie etwas Sahne dazu, bis eine schöne Konsistenz entsteht. Geben Sie gegebenenfalls etwas Wasser dazu. Schmecken Sie mit Salz ab.

5. Richten Sie den Salat mit dem Dressing an und verteilen Sie die Champignons sowie die Croûtons auf dem Salat. Garnieren Sie mit Petersilie.

Suppen

Lassen Sie sich von den vorzüglichen Suppen verzaubern

Kalte Schwedenmilch-Gemüse-Suppe

 Portionen
2

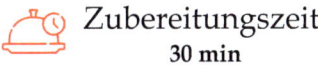 Zubereitungszeit
30 min

 Kalorien p. P.
436 kcal

—— ZUTATEN ——

- 400 g Kartoffeln
- 1 Gurke
- 15 Radieschen
- Etwas Dill
- Etwas Petersilie

- 500 ml Schwedenmilch
- 2 EL Chia-Öl
- 300 ml Wasser
- Etwas Salz
- Etwas Pfeffer

— ZUBEREIUNG —

1. Schälen Sie zunächst für die kalte Schwedenmilch-Suppe die Kartoffeln, waschen Sie sie und schneiden Sie sie in kleine Würfel. Bringen Sie leicht gesalzenes Wasser in einem Topf zum Kochen und lassen Sie die Kartoffelstückchen darin 20 Minuten kochen. Gießen Sie sie ab und lassen Sie sie abkühlen.

2. Waschen Sie in der Zwischenzeit Radieschen und Gurken gründlich und würfeln Sie sie fein. Waschen Sie Dill und Petersilie, trocknen Sie sie und hacken Sie sie fein.

3. Vermengen Sie die Schwedenmilch mitChia-Öl und dem kalten Wasser und schmecken Sie sie mit Salz und Pfeffer ab. Rühren Sie die Radieschen, Gurken, Petersilie, Dill und die abgekühlten Kartoffelstücke und stellen Sie die Suppe bis zum Servieren kalt. Fertig ist das gesunde probiotische Essen mit Schwedenmilch.

Kürbis-Kokos-Suppe

 Portionen
4

 Zubereitungszeit
20 min

 Kalorien p. P.
493 kcal

— ZUTATEN —

- 600 g Hokkaidokürbis
- 400 ml Kokosmilch
- 150 g Zwiebeln
- 2 Karotten
- 2 EL Olivenöl
- 600 g Gemüsebrühe
- 10 g Ingwer
- Etwas Kreuzkümmel
- 1 TL Salz
- Etwas Pfeffer
- 100 g Kürbiskerne

— ZUBEREIUNG —

1. Waschen, halbieren und entfernen Sie das weiche Innere und die Kerne desHokkaido-Kürbisses mit einem Löffel. Schneiden Sie den Kürbis in 2 cm große Stücke. Schälen Sie die Möhren und schneiden Sie sie in 2 cm dicke Scheiben. Schälen Sie die Zwiebel, hacken Sie sie fein, schälen Sie den Ingwer und reiben Sie ihn fein.

2. Dünsten Sie die Zwiebeln im Olivenöl an und geben Sie den Kürbis, Möhren und Ingwer dazu. Gießen Sie es mit der Gemüsebrühe auf, kochen Sie es auf und lassen Sie es bei kleiner Hitze 15 bis 20 Minuten sanft köcheln. Pürieren Sie die Kürbissuppe. Erwärmen Sie nun die Kürbissuppe mit der Kokosmilch und schmecken Sie mit Salz, Pfeffer und Kreuzkümmel ab.

3. Füllen Sie die Kürbissuppe mit Kokosmilch in einen tiefen Teller und bestreuen Sie sie mit Kürbiskernen.

Leckere Lauch-Creme-Suppe

 Portionen
4

 Zubereitungszeit
10 min

 Kalorien p. P.
320 kcal

—— ZUTATEN ——

- 400 g Lauch
- 3 Kartoffeln
- 600 ml Gemüsebrühe
- 4 EL Schlagsahne

- ½ Bund Petersilie
- Etwas Salz
- Etwas Pfeffer

— ZUBEREIUNG —

1. Putzen Sie zunächst den Lauch, halbieren Sie ihn längs und waschen Sie ihn unter fließendem kaltem Wasser. Schneiden Sie ihn dann in Ringe. Waschen Sie die Kartoffeln, schälen Sie sie und würfeln Sie sie grob. Schwitzen Sie jetzt den Lauch in einem Topf mit etwas Öl kurz an und geben Sie dann die Kartoffeln dazu. Gießen Sie nach etwa 5 Minuten mit der Gemüsebrühe auf, bringen Sie sie zum Kochen und lassen Sie das Ganze anschließend bei mittlerer Hitze zugedeckt für 10 Minuten köcheln, bis das Gemüse gar ist.

2. Pürieren Sie jetzt die Suppe mit dem Stabmixer fein, rühren Sie dann die Schlagsahne unter und kochen Sie es nochmals auf. Waschen Sie die Petersilie und schütteln Sie sie trocken. Zupfen Sie die Blättchen ab und hacken Sie sie fein.

3. Nehmen Sie die Suppe vom Herd, würzen Sie mit Salz und Pfeffer und bestreuen Sie die Suppe mit der Petersilie.

Brokkoli-Kokossuppe mit Chinakohl

 Portionen
2

 Zubereitungszeit
10 min

 Kalorien p. P.
438 kcal

— ZUTATEN —

- 2 Brokkoli
- 1 Chinakohl
- 200 g Kokosmilch
- 600 g Gemüsebrühe

— ZUBEREIUNG —

1. Schneiden Sie den Brokkoli und Chinakohl klein und garen Sie ihn in der Gemüsebrühe weich. Geben Sie dann die Kokosmilch dazu und fertig.

2. Superschnell und lecker zubereitet.

Minestrone

 Portionen
4

 Zubereitungszeit
15 min

 Kalorien p. P.
420 kcal

— ZUTATEN —

- 160 g kurze Nudeln
- 2 Schalotten
- 150 g dünner grüner Spargel
- 100 g Blumenkohl
- 80 g Kohlrabi
- 120 g Kartoffeln
- 2 Stiele Thymian
- 1 EL Olivenöl
- 500 ml Gemüsebrühe
- Etwas Salz
- 25 g Pinienkerne
- 1 Handvoll Basilikumblätter
- 3 EL Olivenöl
- Salz

— ZUBEREIUNG —

1. Garen Sie die Nudeln nach Packungsanleitung in kochendem Salzwasser al dente, gießen Sie ab und stellen Sie sie beiseite.

2. Schälen Sie inzwischen die Schalotten und würfeln Sie sie fein. Waschen Sie den Blumenkohl und zerteilen Sie ihn in kleine Röschen. Schälen Sie den Kohlrabi und die Kartoffeln und schneiden Sie beides in etwa 1Zentimeter große Würfel. Waschen Sie den Spargel, befreien Sie ihn falls nötig von holzigen Enden und schälen Sie ihn im unteren Drittel. Schneiden Sie ihn dann in mundgerechte Stücke. Waschen Sie den Thymian, trocknen Sie ihn und zupfen Sie die Blättchen von den Stielen.

3. Erhitzen Sie nun die Gemüsebrühe in einem Topf.

4. Dünsten Sie in einem mittelgroßen Topf die Schalotten in Olivenöl glasig an. Geben Sie die Kartoffeln, die Blumenkohlröschen und den Thymian dazu und gießen Sie mit dem heißen Gemüsefond auf. Lassen Sie das Ganze bei geschlossenem Deckel etwa 5 Minuten köcheln. Geben Sie dann den Kohlrabi dazu und lassen Sie es weitere 5 Minuten köcheln. Fügen Sie zum Schluss den Spargel hinzu und kochen Sie ihn je nach Stärke der Spargelstangen wenige Minuten mit.

5. Bereiten Sie, während die Suppe kocht, ein schnelles Basilikumpesto zu. Rösten Sie dazu Pinienkerne in einer beschichteten Pfanne ohne Fett goldbraun.

6. Spülen Sie die Basilikumblätter kurz ab, schütteln Sie sie trocken und hacken Sie sie grob. Verarbeiten Sie jetzt in einem Mörser Pinienkerne, Basilikum und Olivenöl zu einem Pesto. Schmecken Sie es mit Salz ab.

7. Verteilen Sie die gekochten Nudeln auf Teller oder Schüssel. Schmecken Sie die Suppe mit Salz ab und gießen Sie sie über die Nudeln. Geben Sie ein bis zwei Esslöffel Pesto dazu und servieren Sie sie.

Kartoffel-Möhren-Suppe

 Portionen
2

 Zubereitungszeit
35 min

 Kalorien p. P.
422 kcal

— ZUTATEN —

- 400 g Möhren
- 300 g Kartoffeln
- 2 Zwiebeln
- 2 EL Rapsöl
- 50 g Sesam
- 1 g Muskatnuss
- 300 ml Wasser
- Etwas Salz
- Etwas Pfeffer

— ZUBEREIUNG —

1. Schälen, waschen und schneiden Sie Kartoffeln und Möhren in kleine Stückchen. Schneiden Sie die Zwiebeln in feine Würfel. Dünsten Sie die Zwiebeln zusammen mit dem Öl in einem Topf kurz an.
2. Geben Sie Wasser, Kartoffeln und Möhren dazu und lassen Sie es ca. 20 Minuten kochen.
3. Nehmen Sie den Topf vom Herd und pürieren Sie die Suppe fein. Rühren Sie 2/3 des Sesams unter.
4. Würzen Sie mit Salz, Pfeffer und Muskat und bestreuen Sie die Suppe vor dem Servieren mit etwas Sesam

Zucchini-Creme-Suppe

 Portionen
4

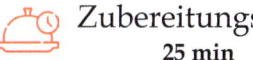 Zubereitungszeit
25 min

 Kalorien p. P.
306 kcal

—— ZUTATEN ——

- 800 g Zucchini
- 2 Zwiebeln
- 150 g Crème fraîche
- 1 l Gemüsebrühe
- 50 g Petersilie

- 2 EL Rapsöl
- 4 EL Sonnenblumenkerne
- 1 TL Salz
- Etwas Pfeffer

—— ZUBEREIUNG ——

1. Waschen, putzen und schneiden Sie zunächst die Zucchini in Stücke. Schälen Sie die Zwiebeln und würfeln Sie sie grob.
2. Dünsten Sie die Zucchini und Zwiebeln in etwas Öl kurz an.
3. Kochen Sie sie anschließend zusammen mit einem Liter Gemüsebrühe für ca. 15 Minuten.
4. Geben Sie glatte Petersilie und Crème fraîche dazu, pürieren Sie sie mit dem Pürierstab und schmecken Sie mit Meersalz und Pfeffer ab.
5. Garnieren Sie die Suppe vor dem Servieren mit leicht angerösteten Sonnenblumenkernen und Petersilie.

Kartoffel-Brokkoli-Creme-Suppe

 Portionen
4

 Zubereitungszeit
25 min

 Kalorien p. P.
347 kcal

— ZUTATEN —

- 500 g Brokkoli
- 2 Zwiebeln
- 700 g Kartoffeln
- 1 1/2 l Gemüsebrühe
- 80 g Sahne
- 3 EL Olivenöl
- Etwas Salz
- Etwas Muskatnuss

— ZUBEREIUNG —

1. Schälen und waschen Sie zunächst die Kartoffeln. Waschen Sie den Brokkoli und schneiden Sie ihn in kleine Röschen.

2. Schneiden Sie die Kartoffeln und die Zwiebel in kleine Stücke und dünsten Sie sie zusammen mit dem Öl in einem Topf an. Fügen Sie die 1,5 Liter Gemüsebrühe hinzu und lassen Sie sie 10 bis 15 Minuten köcheln.

3. Geben Sie den Brokkoli hinzu und lassen Sie alles 3 Minuten kochen. Nehmen Sie den Topf vom Herd, pürieren Sie die Suppe fein und kochen Sie sie anschließend 3 - 5 Minuten weiter.

4. Würzen Sie die Suppe mit Salz und Muskatnuss und verfeinern Sie sie mit der Sahne.

Kartoffel-Maronen-Suppe

 Portionen
4

 Zubereitungszeit
20 min

 Kalorien p. P.
347 kcal

—— ZUTATEN ——

- 100 g Maronen frisch oder gegart
- 4 Kartoffeln
- 1 Petersilienwurzel
- 1/2 Zwiebel
- 1 Lorbeerblatt
- 3 Thymianzweige
- Etwas Salz
- Schmand

— ZUBEREIUNG —

1. Ritzen Sie zunächst die Maronen mit einem Messer ein und lassen Sie sie für 15 Minuten köcheln. Lassen Sie anschließend die Maronen etwas abkühlen und schälen Sie sie.
2. Hacken Sie die Zwiebel klein und dünsten Sie sie an. Schälen Sie die Kartoffeln und die Petersilienwurzel und schneiden Sie sie in Würfel.
3. Schwitzen Sie nun das Gemüse kurz mit an.
4. Hacken Sie die Maronen fein und geben Sie sie ebenfalls dazu.
5. Gießen Sie das Ganze mit der Gemüsebrühe auf, sodass alles mit Brühe bedeckt ist.
6. Geben Sie Lorbeerblatt und Thymianzweige dazu und lassen Sie das Ganze für 30 Minuten köcheln.
7. Entfernen Sie dann das Lorbeerblatt und pürieren Sie die Suppe fein. Geben Sie zuletzt den Schmand dazu und schmecken Sie die Suppe mit Salz ab.

Süßkartoffel-Möhren-Suppe

 Portionen
4

 Zubereitungszeit
20 min

 Kalorien p. P.
298 kcal

— ZUTATEN —

- 600 g Süßkartoffeln
- 400 g Möhren
- 1,2 l Gemüsebrühe
- 2 EL Kokosöl
- 2 Zwiebeln
- Etwas Salz
- Etwas Pfeffer
- 2 TL Currypulver
- 150 ml Kokosmilch
- 50 ml Apfelsaft

— ZUBEREIUNG —

1. Braten Sie die Möhren- und Süßkartoffelstücke mit Kokosöl in einem Topf ca. 2 Minuten unter Rühren an.
2. Fügen Sie die Zwiebeln hinzu und dünsten Sie sie 1 weitere Minute an. Mengen Sie Curry, Salz und Pfeffer unter und braten Sie sie kurz mit an.
3. Löschen Sie sie mit der Gemüsebrühe ab, geben Sie den Apfelsaft hinzu und lassen Sie sie für 20 Minuten köcheln.
4. Geben Sie Kokosmilch hinzu und pürieren Sie sie.
5. Schmecken Sie nochmals ab und salzen und pfeffern Sie nach Belieben.

Hauptgerichte

Dank der abwechslungsreichen Rezeptekönnen Sie
jeden Tag ein neues Geschmackserlebnis erleben

Hähnchenpfanne mit Paprika und Brokkoli

 Portionen
2

 Zubereitungszeit
25 min

 Kalorien p. P.
513 kcal

— ZUTATEN —

- 350 g Hähnchen
- 2 Paprika
- 1 Brokkoli
- 4 EL Olivenöl
- 1 TL Paprikapulver edelsüß
- Etwas Thymian
- Etwas Pfeffer
- 1 TL Salz
- 1 EL Sesam

— ZUBEREIUNG —

1. Zuerst die Paprika waschen, Stiele und Kerne entfernen und in kleine Würfel schneiden. Brokkoli waschen und in mundgerechte Röschen schneiden.
2. Hähnchenfilets waschen, trocknen und in kleine Stücke schneiden.
3. Öl in einer großen, tiefen Pfanne erhitzen. Hähnchen mit mildem Paprika und Thymian 4 bis 5 Minuten goldbraun braten. Mit Salz abschmecken. Nehmen Sie das Huhn heraus.
4. Paprika in der noch heißen Pfanne ca. 4 Minuten anbraten. Brokkoli dazugeben und etwas anbraten.
5. Dann das Hähnchen hinzugeben, umrühren und mit Salz und Pfeffer würzen.

Paprika-Süßkartoffelpfanne

 Portionen
3

 Zubereitungszeit
25 min

 Kalorien p. P.
513 kcal

—— ZUTATEN ——

- 3 Süßkartoffeln
- 2 Paprika
- 4 Lauchzwiebeln
- 2 Knoblauchzehen
- 5 Zweige Petersilie

- 20 g Gartenkräuter
- Etwas Pfeffer
- 1 EL Salz
- 4 EL Olivenöl

— ZUBEREIUNG —

1. Zuerst die Süßkartoffeln mit Schale in Salzwasser 10 Minuten kochen. Erschrecken Sie sie, schälen Sie sie und würfeln Sie sie.

2. Paprika waschen, entkernen und in dünne Streifen schneiden. Schalotten waschen und in Ringe schneiden. Die Knoblauchzehen schälen und pressen. Petersilie und Kräuter waschen und hacken.

3. Erhitzen Sie nun das Öl in einer Pfanne. Braten Sie die Süßkartoffeln bei mittlerer Hitze an. Nach 5 Minuten sautieren, Schalotten, Chili und Knoblauch hinzugeben und weitere 8 Minuten garen. Zum Schluss Kräuter hinzugeben und mit Salz und Pfeffer würzen.

Low carb Zucchini-Puffer

 Portionen
3

 Zubereitungszeit
35 min

Kalorien p. P.
477 kcal

— ZUTATEN —

- 1 ½ Zucchini
- 1 Zwiebel
- 2 Eier
- 80 g Gouda
- 100 g Mandelmehl
- 1 EL Frischkäse
- 4 EL Öl zum Braten
- 1 TL Salz
- Etwas Pfeffer

— ZUBEREIUNG —

1. Zuerst die Zucchini waschen und mit einer Küchenreibe, einem Spiralschneider oder einer Küchenmaschine raspeln.

2. Die Zucchinibrösel in ein großes Sieb geben, mit einer Prise Salz mischen, 15 Minuten ruhen lassen, dann so viel Wasser wie möglich auspressen.

3. Nun den Käse reiben, die Zwiebel schälen und hacken. Mit Frischkäse und Eiern verrühren.

4. Mischen Sie die zerkleinerte Zucchini-Käse-Ei-Mischung, gemahlene Mandeln und etwas Pfeffer. Wenn die Mischung noch zu flüssig ist, etwas Mandelmehl hinzugeben.

5. Erhitzen Sie nun etwas Öl in einer Pfanne und fügen Sie kleine Häufchen Zucchini-Pfannkuchen-Teig hinzu. Etwas flach drücken und auf beiden Seiten goldbraun braten. Legen Sie die gebackenen Zucchini-Pfannkuchen in den Ofen und erhitzen Sie sie auf 80 °C, um sie warmzuhalten. Nach Belieben mit Joghurt oder Dip servieren.

Dinkelspaghetti mit Paprika-Bolognese

 Portionen
2

 Zubereitungszeit
30 min

 Kalorien p. P.
626 kcal

—— ZUTATEN ——

- 3 Paprika
- 2 Karotten
- 1 Zwiebel
- 200 g Rinderhack
- 1 Knoblauchzehe
- 2 EL Rapsöl
- Etwas Petersilie
- 50 ml Gemüsebrühe
- 3 EL Ajvar
- 120 g Dinkelspaghetti
- Etwas Salz
- Etwas Pfeffer
- Etwas Paprikapulver

—— ZUBEREIUNG ——

1. Paprika waschen, entkernen und in kleine Stücke schneiden. Knoblauchzehen und Zwiebel schälen und würfeln. Möhren schälen und in 1/2 cm große Würfel schneiden. Petersilie waschen und hacken. Etwas Petersilie zum Garnieren zurückbehalten.

2. In der Zwischenzeit Nudeln nach Packungsanleitung zubereiten.

3. Rapsöl in einer großen Pfanne erhitzen und Karotten, Paprika, Knoblauch und Zwiebel 5 Minuten anbraten.

4. Rinderhack hinzugeben und weitere 2 Minuten braten.

5. Etwas Gemüsebrühe und Chilipaste Ajvar zugeben, bei schwacher Hitze ca. 10 Minuten unter häufigem Rühren garen. Mit Paprika, Salz und Pfeffer würzen.

6. Die Dinkelnudeln abtropfen lassen und mit der Paprika-Bolognese auf einem Teller anrichten und mit Petersilie garnieren.

Kabeljau-Filet mit Rote Bete, Kartoffeln und Zucchini

 Portionen
2

 Zubereitungszeit
20 min

 Kalorien p. P.
411 kcal

— ZUTATEN —

- 600 g Kabeljaufilet
- 150 g Kartoffeln
- 150 g Rote Bete
- 1 Zucchini
- 1 ½ EL Olivenöl
- Etwas Salz
- Etwas weißer Pfeffer
- Etwas Basilikum
- Etwas Rosmarin

— ZUBEREIUNG —

1. Beginnen Sie damit, die Kartoffeln und Rüben zu schälen, die Zucchini zu waschen und alles in kleine Würfel zu schneiden. Basilikum und Rosmarin hacken. Etwas Basilikum zum Garnieren zurückbehalten.

2. Olivenöl erhitzen, Kartoffelwürfel dazugeben, zugedeckt bei mittlerer Hitze 5 Minuten garen. Dann die Zucchini und Rote Bete hinzugeben und weitere 5 bis 6 Minuten sanft dünsten.

3. In der Zwischenzeit den Backofen auf 190 °C vorheizen. Kabeljaufilets in eine gefettete, hitzebeständige Form legen. Salz, Pfeffer und Gemüse mit Kräutern mischen und in einer Auflaufform in den Ofen geben. 14 bis 18 Minuten im Ofen backen.

4. Dorschfilets und Gemüse auf einem Teller anrichten und servieren.

Quinoa-Hack-Pfanne mit Gemüse

 Portionen
4

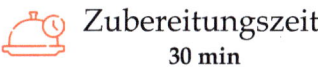 Zubereitungszeit
30 min

 Kalorien p. P.
516 kcal

—— ZUTATEN ——

- 200 g Quinoa
- 400 g Hackfleisch
- 3 Paprika
- 5 Möhren
- 2 EL Öl zum Braten

- 1 TL Paprikapulver
- Etwas Pfeffer
- Etwas Kräutersalz
- Etwas Pfefferminze
- 300 g Naturjoghurt

— ZUBEREIUNG —

1. Quinoa zuerst in einem Sieb mit kaltem Wasser abspülen. Quinoa in 500 ml leicht gesalzenem Wasser aufkochen, 10 Minuten al dente kochen, dann zum Abtropfen in ein Sieb geben.

2. In der Zwischenzeit 1 EL Öl in einer Pfanne erhitzen. Hackfleisch im heißen Öl knusprig braten, dann aus der Pfanne nehmen.

3. Paprika waschen und in Streifen schneiden. Karotten schälen und in dünne Scheiben schneiden. 1 EL Öl in einer Pfanne erhitzen und das Gemüse etwa 8 Minuten anbraten. Quinoa und Rinderhack hinzugeben und mit Salz, Pfeffer und Paprika würzen.

4. Minze waschen und hacken. Jetzt mit Naturjoghurt verrühren und leicht würzen. Quinoapfanne mit Joghurt servieren.

Vegane Kartoffel-Nockerl

 Portionen
2

 Zubereitungszeit
20 min

 Kalorien p. P.
237 kcal

— ZUTATEN —

- 6 Kartoffeln
- 4 Zweige Petersilie
- 3 Prisen Kräutersalz
- 3 TL Olivenöl
- Etwas Muskatnuss
- Etwas weißer Pfeffer

— ZUBEREIUNG —

1. Die Kartoffeln waschen, schälen und in Stücke schneiden, dann in einem Dampfgarer ca. 15 bis 20 Minuten (je nach Größe der Stücke) dämpfen, bis sie weich sind.

2. Pürieren, von den Stielen befreien und hacken. Hebe etwas für die Dekoration auf.

3. Mit einer Gabel oder einem Kartoffelstampfer die gekochten Kartoffeln zu Brei zerdrücken. Olivenöl, Petersilie, Kräutersalz, Muskatnuss und Pfeffer zugeben.

4. Aus 2 EL Kartoffelmasse Knödel formen, auf einen Teller geben und mit Petersilie garnieren.

5. Kartoffelknödel passen gut zu gedämpftem Gemüse.

Low carb Quark-Gnocchi

 Portionen
2

 Zubereitungszeit
60 min

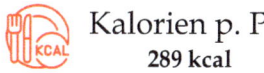 Kalorien p. P.
289 kcal

—— ZUTATEN ——

- 250 g Quark
- 2 Eier
- 1/2 TL Salz
- 4 TL Johannisbrotkernmehl
- 5 EL Kokosmehl

—— ZUBEREIUNG ——

1. Verquirlen Sie zunächst Quark, Eier und Salz mit einem Mixer. Geben Sie dann nach und nach das Bindemittel Johannisbrotkernmehl dazu und vermischen Sie es sehr gut, sodass keine Klümpchen mehr im Teig sind. Kneten Sie nun das Kokosmehl unter. Geben Sie, wenn der Teig dann noch zu sehr klebt, etwas mehr Kokosmehl hinzu. Lassen Sie jetzt den Gnocchi-Teig 10 Minuten ruhen.

2. Bemehlen Sie je nach Bedarf die Arbeitsplatte mit etwas Kokosmehl. Formen Sie den Gnocchi-Teig mit den Händen zu mehreren langen, 2 cm dicken Rollen. Schneiden Sie jetzt davon etwa 1 cm lange Stücke ab und drücken Sie sie mit einer Gabel leicht flach an.

3. Bringen Sie anschließend in einem großen Topf Wasser zum Kochen und drehen Sie dann die Temperatur herunter. Geben Sie, wenn es nicht mehr sprudelt, die Gnocchi vorsichtig ins Wasser und lassen Sie sie etwa 3 Minuten ziehen, bis sie an der Oberfläche schwimmen. Heben Sie jetzt die Gnocchi mit einem Schaumlöffel vorsichtig heraus.

4. Richten Sie die Quark-Gnocchi mit der Soße ihrer Wahl auf einem Teller an.

Vegetarische Lasagne

 Portionen
4

 Zubereitungszeit
40 min

 Kalorien p. P.
462 kcal

— ZUTATEN —

- 100 g Lasagneblätter
- 250 g Zucchini
- 200 g Paprika
- 200 g Karotten
- 125 g Champignons
- 2 Zwiebeln
- 3 EL Olivenöl
- 100 g Sahne
- ½ TL Oregano
- ½ TL Gemüsebrühe
- Etwas Salz
- 200 g Gouda

— ZUBEREIUNG —

1. Die Zucchini waschen und zerkleinern, die Shiitake-Pilze waschen und in Scheiben schneiden. Möhren schälen, waschen und in Scheiben schneiden. Paprika waschen und in Würfel schneiden. Geriebener Gouda-Käse.

2. Zwiebel schälen, würfeln und in Öl anbraten.

3. Zucchini, Champignons, Karotten und Paprika hinzugeben, mit Brühe, Oregano, Salz und Pfeffer würzen und 4–5 Minuten köcheln lassen. Nun die Sahne schlagen.

4. Dann eine Auflaufform leicht mit Öl auspinseln. Etwas Lasagnesauce hinzufügen, die Lasagne darauf legen und dann abwechselnd mit Lasagne, Käse und Soße füllen. Mit Soße und reichlich Käse belegen.

5. Nun die Lasagne in den vorgeheizten Backofen geben und bei 200 °C ca. 35 Minuten backen.

Chili con Carne ohne Bohnen

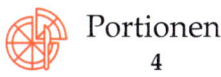 Portionen
4

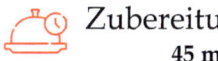 Zubereitungszeit
45 min

 Kalorien p. P.
659 kcal

—— ZUTATEN ——

- 400 g gemischtes Hack
- 2 Paprika
- 50 g Paprikapaste
- 3 Karotten
- 150 g Gemüsemais
- 200 g Zwiebeln
- 20 g Olivenöl
- 60 g saure Sahne
- 2 Knoblauchzehen
- ½ TL Gemüsebrühe
- 1 TL Salz
- 1 TL Zucker
- Etwas schwarzer Pfeffer
- 1 Lorbeerblatt
- 1 Gouda
- 200 g Reis

—— ZUBEREIUNG ——

1. Bringen Sie zunächst 300 ml leicht gesalzenes Wasser zum Kochen, fügen Sie 200 g Reis hinzu, lassen Sie ihn kurz aufkochen und lassen Sie ihn danach auf niedriger Stufe circa 15 Minuten bei geschlossenem Deckel köcheln, bis das Wasser verdampft ist.
2. Waschen Sie in der Zwischenzeit Zwiebeln, Möhren und Paprika. Würfeln Sie jetzt Möhren und Paprika und hacken Sie Zwiebeln und Knoblauch fein.
3. Erhitzen Sie jetzt Olivenöl in einer Pfanne und dünsten Sie darin Zwiebeln, Möhren und Knoblauch an. Geben Sie Hackfleisch dazu und zerkleinern Sie es beim Braten mit einem Kochlöffel.
4. Geben Sie Paprika, Paprikapaste, Zucker, Salz, Oregano, Lorbeerblatt, Pfeffer, Salz und weitere Gewürze dazu und garen Sie es für 15 Minuten. Geben Sie den Mais dazu und garen Sie es für 5 weitere Minuten.
5. Reiben Sie in dieser Zeit den Käse grob. Füllen Sie den fertigen Reis, die saure Sahne und den Käse in Schalen und servieren Sie sie zum histaminarmen Chili con Carne.

Schneller Flammkuchen

—— ZUTATEN ——

- 250 g Dinkelmehl
- 3 Prisen Salz
- 125 ml Wasser
- 2 EL Olivenöl
- 150 g Schmand
- 1 Paprika
- 120 g Zwiebel
- 125 g Schafskäse
- Etwas schwarzer Pfeffer
- 3 EL Sonnenblumenkerne
- 20 g Rucola

—— ZUBEREIUNG ——

1. Für den Teig: Vermischen Sie zunächst Dinkelmehl und Salz gut und kneten Sie es anschließend mit Wasser und Öl zu einem Teig.
2. Rollen Sie jetzt den Flammkuchenteig dünn mit einem Nudelholz aus. Der Teig reicht für 1eckiges großes Standard-Backblech. Legen Sie den Flammkuchenteig auf ein mit Backpapier ausgelegtes Backblech.
3. Für den Flammkuchenbelag: Waschen Sie die Paprika, befreien Sie sie von den Kernen und schneiden Sie sie in ca. 2 cm große Stücke. Schälen Sie die Zwiebel und schneiden Sie sie in feine Ringe oder Stücke. Putzen Sie die Champignons und schneiden Sie sie in Scheiben. Zerbröseln Sie den Schafskäse.
4. Vermischen Sie jetzt Schmand mit 1 TL Olivenöl und ein wenig Salz & Pfeffer.
5. Bestreichen Sie den Flammkuchenteig gleichmäßig mit der Schmand-Mischung, lassen Sie dabei einen kleinen Rand (0.5 - 1 cm) außen. Verteilen Sie Paprika, Zwiebeln, Schafskäse und Sonnenblumenkerne gleichmäßig darauf.
6. Heizen Sie den Backofen auf 220 °C Ober- / Unterhitze (Umluft 200 °C) vor und backen Sie ihn ca. 15 - 20 Minuten auf der mittleren Schiene im Ofen knusprig.
7. Geben Sie nach dem Backen den Rucola darauf.

Feta-Gemüse-Pfanne

 Portionen
2

 Zubereitungszeit
25 min

 Kalorien p. P.
663 kcal

—— ZUTATEN ——

- 220 g Dinkelspaghetti
- 1 Paprika
- 1 Zucchini
- 1 Zwiebel
- 100 g Feta
- 1 EL Frischkäse

- Etwas Wasser
- Etwas Rosmarin
- Etwas schwarzer Pfeffer
- Etwas Salz
- 1 TL Rapsöl

—— ZUBEREIUNG ——

1. Zuerst die Dinkelnudeln in Salzwasser nach Packungsanleitung kochen und abtropfen lassen.
2. Zwiebel schälen und hacken. Zucchini, Champignons und Paprika waschen und in kleine Stücke schneiden.
3. Nun das Rapsöl zum Braten in einer Pfanne erhitzen. Die Zwiebel darin anschwitzen, bis sie durchscheinend ist. Nun die Zucchini und Paprika je nach Größe der Stücke 6–8 Minuten garen. Da Pilze am schnellsten garen, fügen Sie sie zuletzt hinzu.
4. Den Frischkäse, die Hälfte des Feta-Käses, etwas Wasser, Kräuter und Gewürze zugeben und unter Rühren anbraten. Zum Schluss die fertigen Dinkelnudeln unterheben und mit Salz und Pfeffer abschmecken.
5. Legen Sie die Gemüseplatte in eine Schüssel oder einen tiefen Teller. Den restlichen Feta über die Nudeln streuen und heiß servieren.

Leckerer Brokkoli-Kartoffelauflauf

 Portionen
4

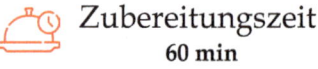 Zubereitungszeit
60 min

 Kalorien p. P.
519 kcal

— ZUTATEN —

- 1 kg Kartoffeln
- 3 Zwiebeln
- 600 g Brokkoli
- 150 g Butterkäse
- 3 EL Dinkelvollkornmehl
- 1 EL Sonnenblumenöl
- 150 ml Sahne
- 30 g Petersilie
- 20 g Schnittlauch
- Etwas Kümmel
- Etwas Muskatnuss
- Etwas Salz
- Etwas Pfeffer
- 50 ml Wasser

— ZUBEREIUNG —

1. Kartoffeln waschen, in Salzwasser kochen, schälen und in Scheiben schneiden. Den Brokkoli waschen, die Röschen abschneiden und die holzigen Teile und Blätter von den Stielen entfernen. Schneiden Sie die Röschen und Stiele in kleine Stücke und blanchieren Sie sie.

2. Die Zwiebel schälen, hacken und in Öl anbraten, bis sie duftet. Petersilie und Schnittlauch waschen, Stiele entfernen, hacken, mit Gewürzen, Salz, Pfeffer, Mehl, 50 ml Wasser und Sahne in den Topf geben und leicht andicken.

3. Nun abwechselnd Kartoffelchips, Zwiebel-Kräuter-Sahnesoße und Brokkoliröschen in den Auflauf geben. Verwenden Sie die Sahne-, Zwiebel- und Kräutersauce für die oberste und die letzte Schicht.

4. Den Käse reiben und über den Auflauf streuen.

5. Den Kräuter-Brokkoli-Auflauf in den Backofen stellen und bei 180 °C 20 Minuten backen

Feta-Zucchini-Spaghetti

 Portionen
2

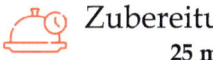 Zubereitungszeit
25 min

 Kalorien p. P.
633 kcal

—— ZUTATEN ——

- 170 g Dinkelspaghetti
- 1 Zucchini
- 1 Paprika
- 1 Ei
- 1 EL Frischkäse
- 125 g Fetakäse

- Etwas Rosmarin
- Etwas Salz
- Etwas Oregano
- Etwas Pfeffer
- 2 EL Olivenöl

—— ZUBEREIUNG ——

1. Zuerst die Dinkelnudeln nach Packungsanleitung kochen und abtropfen lassen.
2. Zucchini und Paprika waschen und in kleine Stücke schneiden.
3. Das Olivenöl in einer Pfanne vorsichtig erhitzen, da das native Olivenöl nicht zu heiß sautiert werden sollte. Kochen Sie die Zucchini und Paprika je nach Größe der Stücke 6–10 Minuten lang. Das Gemüse sollte noch knackig sein. Eier, Frischkäse, die Hälfte des Fetakäses, Kräuter und Gewürze dazugeben und rühren, bis die Eier stocken. Zum Schluss die Nudeln unterrühren.
4. Legen Sie sie in eine Schüssel oder einen tiefen Teller. Restlichen Feta über die Nudeln streuen und servieren.

Glutenfreies Champignon-Risotto

 Portionen
4

 Zubereitungszeit
45 min

 Kalorien p. P.
442 kcal

— ZUTATEN —

- 500 g Champignons
- 350 g Reis
- 850 ml Gemüsebrühe
- 150 ml Weißwein
- 1 EL Olivenöl
- 20 g Petersilie
- Etwas Pfeffer
- Etwas Salz
- 200 g Zwiebeln

—ZUBEREIUNG —

1. Waschen Sie die Shiitake-Pilze, trocknen Sie sie und bereiten Sie 850 ml Gemüsesuppe zu. Die Hälfte der Champignons und den Rest ca. 2–4 mm würfeln.

2. Die Zwiebel würfeln, in eine Pfanne geben, die gehackten Champignons und das Öl dazugeben und anschwitzen, bis sie duften. Risottoreis zugeben, dünsten, bis er duftet, und mit Weißwein ablöschen. Gemüsebrühe nach und nach zugeben und unter ständigem Rühren etwa 30 Minuten köcheln lassen. Zum Schluss den Weißwein hinzugeben. Wer eine sehr ausgeprägte Histaminintoleranz hat, sollte Brühe statt Wein verwenden.

3. Pilzscheiben in Öl anbraten, bis sie duften, mit Salz und Pfeffer würzen.

4. Risotto mit Petersilie garnieren und mit warmen Champignons servieren!

Bunte Reis-Gemüse-Pfanne

 Portionen
3

 Zubereitungszeit
40 min

 Kalorien p. P.
443 kcal

—— ZUTATEN ——

- 125 g Basmatireis
- 300 g Rindersteak
- 1 Zucchini
- 1 Paprika rot
- 1 Paprika gelb
- 300 g Karotten

- 2 Zwiebeln
- 300 ml Gemüsebrühe
- 4 Prisen Salz
- 2 EL Rapsöl

—— ZUBEREIUNG ——

1. Reis mit etwa 300 ml Gemüsesuppe kochen, bis er gar ist.
2. Zucchini, Paprika und Zwiebeln in kleine Würfel schneiden. Möhren schälen und raspeln.
3. Das Rindfleisch in kleine Stücke schneiden und in einer Pfanne goldbraun braten. Rindfleischwürfel entfernen. Zwiebeln und Karotten in einen Topf geben, 2 Esslöffel Wasser hinzugeben und zum Kochen bringen.
4. Zucchini und Paprika hinzugeben und kurz köcheln lassen. Reis unterrühren.
5. Den bunten Reis würzen und genießen.

Lauch-Kartoffel-Gratin

 Portionen
4

 Zubereitungszeit
15 min

 Kalorien p. P.
471 kcal

— ZUTATEN —

- 800 g Kartoffeln
- 400 g Porree
- 500 ml Milch
- 1 TL Margarine
- Etwas Pfeffer
- Etwas Salz
- Etwas Muskatnuss
- 50 g Gouda

— ZUBEREIUNG —

1. Schneiden Sie zunächst die geschälten Kartoffeln in dünne Scheiben.
2. Putzen Sie den Lauch und schneiden Sie ihn in dickere Scheiben.
3. Fetten Sie die Auflaufform mit Margarine ein und schichten Sie abwechselnd Kartoffeln und Lauch. Halten Sie etwas Lauch zum Dekorieren zurück. Würzen Sie jetzt jede Schicht mit Salz und Pfeffer.
4. Heizen Sie den Backofen auf 200 °C vor.
5. Kochen Sie die Milch auf und gießen Sie sie über das Gratin. Raspeln Sie den Gouda und streuen Sie ihn über das Gratin.
6. Schieben Sie das Gratin in den vorgeheizten Ofen und backen Sie es für 45 Minuten bei 200 °C.
7. Bestreuen Sie kurz vor dem Servieren den Kartoffel-Lauch-Gratin mit den zurückbehaltenen Porreestücken.

Mais-Pilz-Risotto

 **Portionen**
4

 **Zubereitungszeit**
40 min

 Kalorien p. P.
535 kcal

— ZUTATEN —

- 200 g Risottoreis
- 250 g Champignons
- 250 g Mais
- 1 Knoblauch
- 250 g Feta
- 4 EL Olivenöl

- Etwas Kurkuma
- Etwas Kreuzkümmel
- Etwas Pfeffer
- Etwas Paprikapulver
- 750 ml Gemüsebrühe
- 1 Lorbeerblatt

— ZUBEREIUNG —

1. Erhitzen Sie zunächst 2 EL Olivenöl in einer Pfanne. Schälen Sie den Knoblauch, pressen Sie ihn und geben Sie ihn in die Pfanne. Schmoren Sie ihn kurz an und geben Sie ihn dann zu dem Risottoreis dazu.

2. Bereiten Sie ca. 750 ml Gemüsebrühe vor, bedecken Sie den Risottoreis damit und lassen Sie sie aufkochen. Geben Sie das Lorbeerblatt und den Kurkuma dazu und lassen Sie das Ganze ca. 35 Minuten köcheln, bis der Reis gar ist. Gießen Sie dabei immer wieder Brühe nach und rühren Sie sie häufig um.

3. Putzen Sie die Champignons und schneiden Sie sie klein. Geben Sie Mais und Champignons nach 20 Minuten zu dem Risottoreis dazu.

4. Würzen Sie nun alles sehr kräftig mit viel Kreuzkümmel, Paprikapulver und etwas Salz und Pfeffer. Zerkleinern Sie den Feta-Käse, geben Sie ihn dazu und kochen Sie alles kurz weiter, bis der Käse weich wird.

Deftiger Weißkohlauflauf

 Portionen
4

 Zubereitungszeit
20 min

 Kalorien p. P.
506 kcal

— ZUTATEN —

- 400 g gemischtes Hack
- 600 g Weißkohl
- 100 g Gouda
- 75 g Zwiebeln
- 2 Eier
- 100 g saure Sahne
- 3 EL Sonnenblumenöl
- Etwas Petersilie
- Etwas Salz
- Etwas Pfeffer
- Etwas Muskatnuss

— ZUBEREIUNG —

1. Putzen Sie zunächst den Weißkohl, entfernen Sie den Strunk, waschen Sie ihn, schneiden Sie ihn in feine Streifen und blanchieren Sie ihn.
2. Würfeln Sie die Zwiebeln und mischen Sie sie mit dem Hackfleisch. Braten Sie das Ganze in der Pfanne mit Öl an.
3. Schichten Sie anschließend Weißkohl und Hackfleisch in eine Auflaufform.
4. Stellen Sie jetzt eine Soße aus Sahne, Petersilie und Gouda her und geben Sie diese über den Auflauf.
5. Heizen Sie den Backofen auf 200 °C vor und backen Sie den Weißkohlauflauf für 35 bis 40 Minuten im Ofen.

Nudeln an Zucchini-Rahm-Soße

 **Portionen**
2

 Zubereitungszeit
30 min

 Kalorien p. P.
667 kcal

—— ZUTATEN ——

- 200 g Kürbis
- 1 Zucchini
- 1 Knoblauchzehe
- 1 rote Zwiebel
- 150ml Sahne
- 200ml Milch
- Etwas Olivenöl
- Etwas Muskat
- Etwas Speisestärke
- 200 g Linguine

—— ZUBEREIUNG ——

1. Die Zwiebel hacken und in etwas Olivenöl anschwitzen, bis sie duftet. Kürbis schälen und würfeln, Zucchini und Knoblauch hacken. Alles zu den Zwiebeln geben und ca. 5 Minuten dünsten.
2. Nudeln nach Packungsanleitung in Salzwasser kochen. Lange Nudeln wie Linguine oder Fettuccine funktionieren am besten, aber Spaghetti oder andere Nudeln gehen auch.
3. Nachdem die Nudeln im Wasser sind, Sahne und Milch zum Gemüse geben, mit etwas Gemüsebrühe, Salz und einer Prise Muskatnuss abschmecken (wenn man das HI verträgt). Etwa 5 Minuten köcheln lassen (wer Pfeffer mag, kann ihn natürlich zum Gewürz geben). Dazu passen auch etwas Rosmarin und Thymian, die bei HI im Allgemeinen gut vertragen werden.
4. Normalerweise müssen Sie nichts hinzufügen, um die Soße zu verdicken. Aber wenn es zu flüssig ist, können Sie einen Teelöffel Maisstärke mit etwas Milch glatt schlagen, dann in die Soße geben und zum Kochen bringen. Die Zwiebel hacken und in etwas Olivenöl anschwitzen, bis sie duftet. Kürbis schälen und würfeln, Zucchini und Knoblauch hacken. Alles zu den Zwiebeln geben und ca. 5 Minuten dünsten.
5. Nudeln nach Packungsanleitung in Salzwasser kochen. Lange Nudeln wie Linguine oder Fettuccine funktionieren am besten, aber Spaghetti oder andere Nudeln gehen auch.
6. Nachdem die Nudeln im Wasser sind, Sahne und Milch zum Gemüse geben, mit etwas Gemüsebrühe, Salz und einer Prise Muskatnuss abschmecken (wenn man das HI verträgt). Etwa 5 Minuten köcheln lassen (wer Pfeffer mag, kann ihn natürlich zum Gewürz geben). Dazu passen auch etwas Rosmarin und Thymian, die bei HI im Allgemeinen gut vertragen werden.
7. Normalerweise müssen Sie nichts hinzufügen, um die Soße zu verdicken. Aber wenn es zu flüssig ist, können Sie einen Teelöffel Maisstärke mit etwas Milch glatt schlagen, dann in die Soße geben und zum Kochen bringen.
8. Nudeln und Soße mischen und servieren. Als Hauptgericht reicht die Menge für zwei Personen.
9. Dazu passen grüne Salate (siehe mein Dressing-Rezept bei HI) und Baguettes, getoastet mit etwas Olivenöl und Knoblauch. Wenn Sie kein HI haben, können Sie etwas Parmesankäse hinzufügen.
10. Wer Fett sparen möchte, kann statt Sahne auch Cremefine verwenden oder einfach etwas Kondensmilch oder Kaffeesahne verwenden. Beides ist aber nicht unbedingt gut verträglich gegen HI, daher am besten einfach etwas Sahne mit fettarmer Milch mischen.

Desserts

Eine süße Verführung zum Schluss darf natürlich
auch nicht fehlen

Zimt-Parfait

 Portionen
4

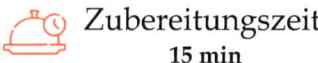 Zubereitungszeit
15 min

 Kalorien p. P.
482 kcal

—— ZUTATEN ——

- 400 g Schlagsahne 30 % Fett
- 3 Eier
- 120 g Zucker
- 1 ½ TL Zimt

— ZUBEREIUNG —

1. Schlagen Sie zunächst Eier und Zucker lange schaumig, bis sich der Zucker komplett aufgelöst hat. Rühren Sie dann Zimt unter.

2. Schlagen Sie in einem separaten Topf Sahne mit einem Mixer steif und heben Sie sie vorsichtig unter das Ei-Zucker-Zimtgemisch.

3. Legen Sie jetzt eine Kastenform mit Frischhaltefolie aus, füllen Sie das Zimt-Parfait ein und lassen Sie es abgedeckt mindestens 4 Stunden gefrieren.

4. Parfait bedeutet halbgefroren. Nehmen Sie daher das Zimt-Parfait eine halbe Stunde vor dem Servieren aus der Gefriertruhe und schneiden Sie es kurz vor dem Servieren in Scheiben. Garnieren Sie das Zimt-Parfait mit Minzblättern.

Leckere Crème brûlée

 Portionen
4

 Zubereitungszeit
20 min

 Kalorien p. P.
464 kcal

— ZUTATEN —

- 400 ml Sahne 30 % Fett
- 140 ml Vollmilch
- 85 g Zucker, braun oder weiß
- 5 Eigelb
- 1 Vanilleschote
- Zitronenabrieb
- Zucker fein

— ZUBEREIUNG —

1. Verquirlen Sie zunächst Sahne, Milch und Eigelb und mischen Sie sie mit den restlichen Zutaten. Lassen Sie nun alles für mindestens 30 Minuten ziehen.

2. Füllen Sie die Crème in feuerfeste Förmchen und stellen Sie sie in die Fettpfanne des auf 150 °C vorgeheizten Backofens auf die mittlere Schiene. Füllen Sie die Fettpfanne bis zum Rand mit kochendem Wasser und lassen Sie die Crème für 55 Minuten stocken.

3. Lassen Sie dann die Förmchen auskühlen und kühlen Sie sie im Kühlschrank mindestens 2 Stunden durch.

4. Jetzt kommt noch die krachige Karamellschicht darauf. Verteilen Sie dazu auf jedem Förmchen ca. 1 EL feinen, weißen Zucker und überflammen Sie ihn langsam und gleichmäßig mit einem Flambierbrenner, bis sich eine glatte Schicht gebildet hat.

Joghurt-Johannisbeere-Dessert

 Portionen
2

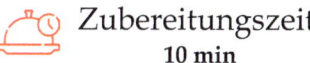 Zubereitungszeit
10 min

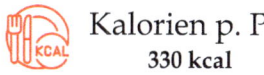 Kalorien p. P.
330 kcal

—— ZUTATEN ——

- 200 g Johannisbeeren
- 400 g griechischer Joghurt
- 4 EL Agavendicksaft

—— ZUBEREIUNG ——

1. Waschen Sie zunächst die Johannisbeeren, trocken Sie sie und zupfen Sie sie von den Stielen. Halten Sie einige Johannisbeeren zur Dekoration zurück.

2. Vermischen Sie die Johannisbeeren mit Sahnejoghurt und Agavendicksaft und pürieren Sie sie gründlich.

3. Richten Sie den Johannisbeeren-Joghurt in einem Schälchen ab und kühlen Sie ihn bis zum Servieren. Garnieren Sie ihn kurz vor dem Verzehr mit Johannisbeeren und Minzblättern

Klassische Rote Grütze

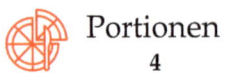 Portionen
4

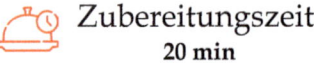 Zubereitungszeit
20 min

 Kalorien p. P.
150 kcal

— ZUTATEN —

- 300 g RoteJohannisbeeren
- 100 g SchwarzeJohannisbeeren
- 240 g Brombeeren
- 200 g Sauerkirschen
- 100 g Zucker
- 500 ml Johannisbeersaft
- 50 g Speisestärke

— ZUBEREIUNG —

1. Spülen Sie zunächst die Johannisbeeren ab und zupfen Sie sie von den Stängeln. Verlesen Sie die Brombeeren, spülen Sie die Kirschen ab und entkernen Sie sie. Geben Sie gut 3/4 des Obstes in einen Topf und erhitzen Sie es. Geben Sie den Zucker und Saft nach und nach dazu und lassen Sie es einige Minuten köcheln. Passieren Sie die Früchte durch ein Sieb und bringen Sie sie erneut zum Kochen.

2. Lösen Sie die Speisestärke in wenig kaltem Wasser auf und dicken Sie damit das Fruchtpüree an. Lassen Sie es einige Male aufkochen, damit die Grütze klar wird. Rühren Sie die restlichen Früchte vorsichtig unter. Verteilen Sie die rote Grütze Schälchen und lassen Sie sie auskühlen.

Schnelles Beeren-Dessert

 Portionen
6

 Zubereitungszeit
20 min

 Kalorien p. P.
415 kcal

—— ZUTATEN ——

- 250 g Quark
- 200 g Sahne
- 200 g Frischkäse
- 100 g Zucker
- 2 Packungen Vanillezucker
- 1 Packung Himbeeren, TK
- 2 EL Butter
- 2 EL Zucker
- 100 g Mandelblättchen

— ZUBEREIUNG —

1. Schlagen Sie zunächst die Sahne steif und vermischen Sie Quark, Frischkäse, Zucker und Vanillezucker zu einer Creme. Heben Sie dann die Sahne unter.
2. Schichten Sie das Dessert folgendermaßen: Creme, gefrorene Himbeeren, Creme.
3. Zerlassen Sie für den Belag die Butter in einer Pfanne, geben Sie die Mandeln hinein und bestreuen Sie sie mit dem Zucker. Lassen Sie sie bei milder Hitze karamellisieren und dann abkühlen. Geben Sie die erkalteten Mandeln über die Creme.
4. Servieren Sie das Dessert mit dem noch kalten Himbeerquark sofort.

Schmackhafter Apfelstrudel

 Portionen
1

 Zubereitungszeit
60 min

 Kalorien p. P.
784 kcal

— ZUTATEN —

- 250 g Mehl
- 1 Prise Salz
- 1 Ei
- 100 ml Wasser
- 5 Äpfel
- 150 g gehackte Mandeln
- 100 g Butter
- 1 EL Zitronenmelisse
- 100 g Rosinen
- ½ TL Zimt
- 125 g Zucker

— ZUBEREIUNG —

1. Verkneten Sie zunächst Mehl mit Salz, Ei und 100 ml Wasser zu einem Teig, wickeln Sie ihn in Frischhaltefolie ein und lassen Sie ihn für 1 Stunde ruhen. Zerlassen Sie Butter. Schälen Sie die Äpfel, entkernen Sie sie und schneiden Sie sie in feine Scheiben. Heizen Sie nun den Backofen auf 225 °C (Umluft 200 °C) vor.

2. Rollen Sie den Teig sehr dünn aus, bestreichen Sie ihn mit Butter und ziehen Sie ihn zu einem Rechteck. Verteilen Sie die gemahlenen Mandeln, die Äpfel, gehackte Mandeln, Rosinen, Zimt und Zucker in dieser Reihenfolge auf dem Teig und lassen Sie dabei die Seitenränder frei.

3. Rollen Sie den Apfelstrudel auf und legen Sie ihn mit der Nahtstelle nach unten auf ein gefettetes und mit Mehl bestäubtes Backblech. Bestreichen Sie ihn mit Butter und backen Sie ihn auf mittlerer Schiene 30 bis 40 Minuten.

Cinnabon Zimtschnecken

 Portionen
20

 Zubereitungszeit
60 min

 Kalorien p. P.
508 kcal

—— ZUTATEN ——

- 2 Packungen Vanillepuddingpulver
- 100 ml Wasser
- 500 ml Milch
- 5 EL Zucker
- 120 g Butter
- 2 Packungen Trockenhefe
- 2 Eier
- 1 TL Salz
- 800 g Mehl
- 200 g Butter, flüssig
- 300 g Zucker, brauner
- 5 TL Zimt
- 250 g Puderzucker
- 250 g Frischkäse
- 120 g Butter
- 2 Packungen Vanillinzucker

—— ZUBEREIUNG ——

1. Kochen Sie zunächst die Milch auf, vermengen Sie Puddingpulver mit kaltem Wasser und rühren Sie es in die kochende Milch ein, lassen Sie es kurz kochen, bis der Pudding eingedickt ist, rühren Sie dabei ständig um. Nehmen Sie die Milch vom Herd, rühren Sie die Butter ein, bis sie geschmolzen ist und rühren Sie dann Zucker und Eier ein. Rühren Sie, wenn die Masse noch handwarm ist, die Trockenhefe unter.

2. Vermischen Sie Salz und Mehl, geben Sie es zur Puddingmasse hinzu und verarbeiten Sie es zu einem weichen, leicht klebrigen Teig. Lassen Sie den Teig gehen, bis er sich verdoppelt hat (1-2 Stunden).

3. Halbieren Sie den Teig und walken Sie ihn auf einer gut bemehlten Fläche aus, bestreichen Sie ihn mit der Hälfte der flüssigen Butter und bestreuen Sie sie jeweils mit der Hälfte von Zimt und braunem Zucker.

4. Wickeln Sie sie eng auf und schneiden Sie sie in ca. 4 cm breite Stücke. Machen Sie dasselbe mit dem restlichen Teig. Geben Sie die Zimtschnecken mit Abstand zueinander auf ein mit Backpapier ausgelegtes Blech und lassen Sie sie nochmals 30 Minuten gehen. Backen Sie sie nun bei 200°C ca. 20 Minuten.

5. Rühren Sie für das Frosting alle restlichen Zutaten zu einer cremigen Masse und streichen Sie sie über die noch warmen Zimtschnecken.

Gesunder Kokospudding

 Portionen
2

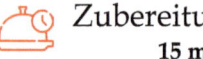 Zubereitungszeit
15 min

 Kalorien p. P.
300 kcal

—— ZUTATEN ——

- 48 g Kartoffelstärke
- 70 ml Wasser
- 400 ml Kokosmilch
- 80 g Rohrzucker
- 1/2 TL Tonkabohne

— ZUBEREIUNG —

1. Kochen Sie zuerst die Kokosmilch in einem Topf mit dem Rohrzucker auf. Rühren Sie dann die Kartoffelstärke mit Wasser glatt und rühren Sie sie in die leicht kochende Kokosmilch mit einer Schneerute ein.

2. Rühren Sie so lange weiter, bis die Masse zu stocken beginnt. Nehmen Sie sie dann vom Herd, reiben Sie die Tonkabohne hinein und rühren Sie sie noch 1–2 Minuten weiter. Füllen Sie den Pudding in 2 Schalen und lassen Sie ihn auskühlen.

Saftige Nusswaffeln

 Portionen
2

 Zubereitungszeit
35 min

 Kalorien p. P.
480 kcal

— ZUTATEN —

- 100 g weiche Butter
- 1 Packung Vanillezucker
- 2 Eier
- 40 g Zucker
- 40 g Speisestärke
- 20 g Mehl
- 1 TL Backpulver
- 40 g Haselnüsse
- 75 g Sahne
- 1 Handvoll Beeren

— ZUBEREIUNG —

1. Rühren Sie die Butter mit dem Quirl des Handrührgeräts auf höchster Stufe geschmeidig und rühren Sie dann Vanillezucker sowie Zucker ein. Geben Sie danach bei niedriger Stufe die Eier dazu. Mischen Sie die Speisestärke und Mehl und rühren Sie anschließend mit den Haselnüssen in die Masse ein.

2. Pinseln Sie ein Waffeleisen mit Fett aus, erhitzen Sie es und füllen Sie die Teigmasse ein. Backen Sie die Nusswaffeln von beiden Seiten goldbraun. Schlagen Sie währenddessen die Sahne steif und versehen Sie die Nusswaffeln mit einem kräftigen Schlag. Schlussendlich können Sie die Beeren darüber verteilen

Nahrhafter Dinkelzopf

 Portionen
14

 Zubereitungszeit
min

 Kalorien p. P.
179 kcal

—— ZUTATEN ——

- 600 g Dinkelmehl (Typ 700)
- 1 TL Natron
- 2 TL Weinsteinbackpulver
- 1 TL Salz
- 400 ml Buttermilch
- 60 g Butter (zerlassen)
- ¼ TL Kardamom
- 100 g Reissirup
- 50 g Dinkelmehl (zum Kneten)
- 1 Eigelb

—— ZUBEREIUNG ——

1. Heizen Sie als ersten Schritt das Backrohr auf 180 °C Ober- und Unterhitze vor.

2. Vermengen Sie dann ganz einfach alle trockenen Zutaten miteinander. Geben Sie jetzt nur noch die restlichen Zutaten dazu und verkneten Sie sie mit dem Handmixer gut. Kneten Sie dann den Teig auf einer bemehlten Arbeitsfläche von Hand gut weiter. Geben Sie dabei immer wieder etwas Mehl dazu, bis der Teig nicht mehr klebt.

3. Teilen Sie, sobald er nicht mehr klebt, den Teig nun in 3 gleich große Teile. Formen Sie jedes Teil zu einer ca. 35 Zentimeter langen Rolle.

4. Flechten Sie die 3 Teigrollen zu einem Zopf, drücken Sie dabei die Enden fest und schlagen Sie sie nach unten ein. Bestreichen Sie sie nur noch mit verquirltem Ei und geben Sie den Zopf in den Ofen. Backen Sie ihn dort für 35 bis 40 Minuten.

Leckere Obsttörtchen

 Portionen
6

 Zubereitungszeit
35 min

 Kalorien p. P.
435 kcal

—— ZUTATEN ——

- 250 g Mehl
- ½ Packung Vanillezucker
- 1 Prise Salz
- ½ Packung Backpulver
- 100 g Zucker
- 1 Ei
- 120 g Butter
- 250 g Obst nach Wahl

— ZUBEREIUNG —

1. Vermengen Sie zunächst Mehl in einer Rührschüssel mit Vanillezucker, Salz, Backpulver und Zucker gut. Verkneten Sie Ei und Butter mit den Knethaken sorgfältig, formen Sie den Teig zu einer Kugel und lassen Sie ihn für 30 Minuten auskühlen.

2. Heizen Sie den Backofen auf 200 °C(Umluft 180 °C) vor. Rollen Sie den Mürbeteig aus. Fetten Sie die Tortelettförmchen ein und geben Sie den Mürbeteig hinein. Stechen Sie den Boden mit einer Gabel mehrfach ein und formen Sie die Ränder aus. Backen Sie sie nun im Ofen ca. 15 bis 20 Minuten goldbraun aus und lassen Sie sie anschließend auskühlen.

3. Geben Sie jetzt nach Belieben Obst hinein.

87

Südlicher Kirschenmichel

 Portionen
4

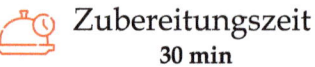 Zubereitungszeit
30 min

 Kalorien p. P.
650 kcal

—— ZUTATEN ——

- 400 g Sauerkirschen
- 1 EL Butter
- 200 g Schmand
- 250 ml Milch
- 50 g Zucker

- 1 Packung Vanillezucker
- 1 Packung Puddingpulver
- 12 Zwieback
- 3 Eier

— ZUBEREIUNG —

1. Rühren Sie zunächst Milch, Eier, Schmand, Zucker, Vanillezucker und Puddingpulver mit einem Handrührgerät glatt. Fetten Sie eine Auflaufform mit der Butter aus und heizen Sie den Backofen auf 180 °C(Umluft 160 °C) vor.

2. Tunken Sie den Zwieback von beiden Seiten in die Schmandcreme und legen Sie sie in die Auflaufform. Füllen Sie die Lücken mit Kirschen aus. Gießen Sie die restliche Creme darüber und backen Sie das Ganze im Ofen für 45 Minuten. Decken Sie die Form nach 20 Minuten Backzeit mit Backpapier ab, damit die Oberfläche nicht zu braun wird.

Grießpudding mit Blaubeersoße

 Portionen
4

 Zubereitungszeit
25 min

 Kalorien p. P.
243 kcal

—— ZUTATEN ——

- 9 EL Zucker
- 2 EL Mandeln gehackt
- Öl
- Abrieb einer halben Zitrone
- 500 ml Milch
- 1 Packung Vanillezucker
- 50 g Grieß
- Salz
- 2 Eier
- 250 g Blaubeeren

— ZUBEREIUNG —

1. Schmelzen Sie zunächst 6 Esslöffel Zucker in einer Pfanne. Rühren Sie die Mandeln unter, streichen Sie die Krokantmasse auf ein Stück geölte Alufolie und lassen Sie sie auskühlen. Bringen Sie nun Zitronenschale, Milch, Vanillezucker, 1 Prise Salz und 2 Esslöffel Zucker zum Kochen. Rühren Sie den Grieß unter und lassen Sie ihn für 5 Minuten quellen.

2. Trennen Sie die Eier und rühren Sie das Eigelb in den Grießbrei. Nehmen Sie den Topf vom Herd und lassen Sie ihn auskühlen. Schlagen Sie das Eiweiß steif und heben Sie es unter den abgekühlten Grieß, füllen Sie ihn in Schälchen und stellen Sie ihn kühl.

3. Pürieren Sie die Blaubeeren mit einem Esslöffel Zucker. Brechen Sie den Krokant in kleine Stücke und verteilen Sie ihn auf dem Grieß.

Schnelles Zimt-Kirsch-Dessert

 Portionen
6

 Zubereitungszeit
40 min

 Kalorien p. P.
456 kcal

—— ZUTATEN ——

- 250 g Mascarpone, laktose-frei
- 200 g kalte Schlagsahne, laktosefrei
- 75 g Puderzucker
- ¼ TL Ceylon-Zimt

- 1 Glas Kirschen (680 g Sauerkirschen)
- 100 g Mandeln, gehobelt
- 1 EL Butter, laktosefrei
- 2 EL Zucker

—— ZUBEREIUNG ——

1. Lassen Sie zunächst die Kirschen in einem Sieb abtropfen.
2. Rösten Sie für die Mandelkruste die gehobelten Mandeln mit der Butter und dem Zucker in einer Pfanne an, bis sie goldbraun sind. Geben Sie sie anschließend auf einen Teller und lassen Sie sie abkühlen.
3. Schlagen Sie dann die Sahne steif. Rühren Sie den Mascarpone mit 1 EL Wasser, Zimt und Puderzucker mit einem Schneebesen glatt. Heben Sie anschließend die geschlagene Sahne vorsichtig unter und vermengen Sie die Masse zu einer Creme.
4. Schichten Sie jetzt alle Zutaten in Dessertgläser. Füllen Sie dafür die Creme am besten in einen Spritzbeutel. Eine Schicht Kirschen, eine Schicht Creme und zum Schluss eine Schicht Mandelkruste.

Leckeres Beeren-Tiramisu

 Portionen
6

 Zubereitungszeit
25 min

 Kalorien p. P.
458 kcal

—— ZUTATEN ——

- 1 Packung Löffelbiskuits
- 200 g TK Heidelbeeren
- 250 g Mascarpone
- 200 g kalte Schlagsahne
- 75 g Puderzucker
- 1/2 TL gemahlene Vanille
- 100 ml Johannisbeersaft
- 1 EL Zitronensaft

—— ZUBEREIUNG ——

1. Füllen Sie zunächst die Beeren in eine Schüssel. Teilen Sie die Löffelbiskuits in mundgerechte Stücke und tränken Sie sie anschließend mit dem Johannisbeersaft.

2. Rühren Sie den Mascarpone mit 1 EL Zitronensaft, Vanille und 75 g Puderzucker mit einem Löffel glatt.

3. Schlagen Sie die Sahne steif und verrühren Sie sie anschließend mit dem Mascarpone zu einer Creme.

4. Füllen Sie die Creme für eine einfache Verteilung am besten in einen Spritzbeutel.

5. Verteilen Sie die erste Schicht des Löffelbiskuits in den 4 oder 6 Gläsern, geben Sie anschließend ca. 2 EL TK Heidelbeeren darüber.

6. Schichten Sie die dritte Schicht Creme, danach noch mal mit Löffelbiskuit, TK Beeren und Creme.

7. Dekorieren Sie das Tiramisu mit ein paar Beeren und stellen Sie es anschließend ca. 2 Stunden kühl.

Tiramisu mal anders – Bratapfel

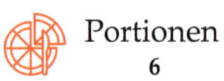 Portionen
6

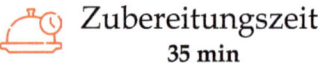 Zubereitungszeit
35 min

 Kalorien p. P.
477 kcal

—— ZUTATEN ——

- 1 Glas Apfelmus
- 250 g Mascarpone
- 200 g kalte Schlagsahne
- 50–75 g Puderzucker
- 3 EL Apfelsaft

- 1 TL Zimt
- 1 Paket Löffelbiskuits, glutenfrei
- 50 g Mandelblättchen

— ZUBEREIUNG —

1. Rösten Sie zunächst die Mandeln für ca. 5 Minuten bei 180 °C Ober- und Unterhitze im vorgeheizten Backofen.
2. Verfeinern Sie das Apfelmus mit etwas Ceylon Zimt.
3. Teilen Sie die Löffelbiskuits in mundgerechte Stücke.
4. Verrühren Sie den Mascarpone mit 3 EL Apfelsaft und 50 – 75 g Puderzucker mit einem Schneebesen glatt.
5. Schlagen Sie die Sahne steif und verrühren Sie sie anschließend mit dem Mascarpone zu einer Creme.
6. Füllen Sie die Creme für eine bessere Verteilung im Glas am besten in einen Spritzbeutel.
7. Verteilen Sie für die erste Schicht die Löffelbiskuits in den 4 oder 6 Gläsern und geben Sie anschließend ca. 2 EL Apfelmus darüber.
8. Schichten Sie für die dritte Schicht die Creme, danach noch mal mit Löffelbiskuit, Apfelmus und Creme.
9. Schließen Sie zu guter Letzt mit einer Prise Zimt und den gerösteten Mandeln ab.

Milchreis mit Kirschen

 Portionen
6

 Zubereitungszeit
45 min

 Kalorien p. P.
285 kcal

— ZUTATEN —

- 1 Liter Mandelmilch
- 80 g Zucker
- 1 Prise Salz
- 220 g Milchreis
- 1 Vanilleschote, ausgekratzt
- 20 g Puderzucker
- 1 Glas Kirschen

— ZUBEREIUNG —

1. Erhitzen Sie zunächst die Mandelmilchmilch im Topf, geben Sie dann alles bis auf die Kirschen und den Puderzucker dazu und rühren Sie sie um.

2. Geben Sie den Deckel auf den Topf, stellen Sie die Hitze auf kleinste Stufe und garen Sie den Milchreis ca. 35 Minuten, rühren Sie ihn dabei regelmäßig um.

3. Kochen Sie die Kirschen mit dem Puderzucker zusammen für ca. 15 min und geben Sie die Soße am Schluss auf den fertigen Milchreis.

Leckere Mascarpone-Creme mit Aprikosensoße

 Portionen
4

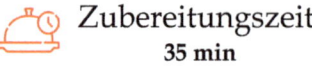 Zubereitungszeit
35 min

 Kalorien p. P.
550 kcal

—— ZUTATEN ——

- 250 g Mascarpone
- 250 g Quark
- 75 g Puderzucker
- 1 EL frischer Zitronensaft
- 250 g Aprikosen

- 75 g Zucker
- 1 EL frischer Zitronensaft
- 1/2 TL gemahlene Vanille

— ZUBEREIUNG —

1. Geben Sie den Mascarpone, Quark, Puderzucker und Zitronensaft in eine Schüssel und verrühren Sie alles gut.
2. Waschen Sie die Aprikosen, halbieren Sie sie und entfernen Sie den Stein.
3. Geben Sie die Aprikosenhälften mit dem Zucker, Zitronensaft und der Vanille in einen Mixer und pürieren Sie alles fein.

4. Geben Sie die Soße in einen Topf, kochen Sie sie kurz auf und lassen Sie sie für 3 Minuten köcheln. Servieren Sie sie anschließend abgekühlt.

Leckere Apfelwaffeln

 Portionen
12

 Zubereitungszeit
20 min

 Kalorien p. P.
490 kcal

—— ZUTATEN ——

- 100 g Margarine
- 100 g brauner Zucker
- 3 Eier
- 125 g Buchweizenmehl
- 125 g Kartoffelstärke
- 1/2 Pack Backpulver
- 250 g grob geriebener Apfel
- evtl. etwas Zimt

—— ZUBEREIUNG ——

1. Rühren Sie zunächst die Margarine mit dem Zucker cremig. Rühren Sie die Eier nacheinander unter.
2. Mischen Sie die Kartoffelstärke, Buchweizenmehl und Backpulver und geben Sie sie nach und nach dazu.
3. Rühren Sie zuletzt die geriebenen Äpfel und nach Wunsch etwas Zimt unter.
4. Backen Sie den Teig in einem eingefetteten Waffeleisen aus.

Mandel-Hafer-Pudding

 Portionen
4

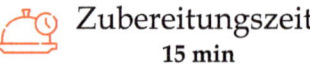 Zubereitungszeit
15 min

 Kalorien p. P.
231 kcal

—— ZUTATEN ——

- 500ml Hafermilch
- 40 g gemahlene Mandeln
- 100 g Traubenzucker
- 4 EL Maisstärke

— ZUBEREIUNG —

1. Nehmen Sie zunächst von der Hafermilch 6 EL und rühren Sie sie mit Traubenzucker, Mandeln und Stärke glatt.
2. Bringen Sie die übrige Hafermilch zum Kochen. Geben Sie die Stärkemischung unter Rühren in die kochende Milch und lassen Sie sie einmal aufkochen.
3. Lassen Sie sie anschließend abkühlen und rühren Sie sie dabei gelegentlich um.

Snacks und Spielereien

Soll es etwas für zwischendurch sein oder möchten Sie etwas Neues ausprobieren? Dann sind Sie hier genau richtig!

Gerösteter Quinoa mit weißer Schokolade

 Portionen
4

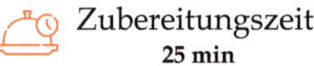 Zubereitungszeit
25 min

 Kalorien p. P.
310 kcal

—— ZUTATEN ——

- 65 g Quinoa
- 10 g Kokosöl
- 1o0 g weiße Schokolade
- 60 g Pistazien
- 10 g Chiasamen

— ZUBEREIUNG —

1. Lassen Sie zunächst Kokosöl in einem Topf bei mittlerer Hitze schmelzen. Geben Sie die Quinoa hinzu und rösten Sie es unter Rühren sanft, bis es goldbraun ist. Geben Sie die Quinoa in eine große Glasschüssel und vermischen Sie sie mit Chiasamen und grob gehackten Pistazien.

2. Lassen Sie die weiße Schokolade sanft über dem Wasserbad schmelzen, geben Sie sie dann zur Quinoamischung hinzu und vermischen Sie alles sorgfältig.

3. Lassen Sie den Schokoladencrunch auf ein mit Backpapier ausgelegtes Blech geben und trocknen. Optional kann der Crunch mit getrockneten essbaren Blüten oder getrockneten Früchten verfeinert werden. Bewahren Sie ihn in einer Dose oder einem gut verschließbaren Glas auf.

Topf-Popcorn

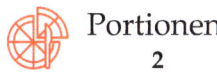 Portionen
2

 Zubereitungszeit
10 min

 Kalorien p. P.
229 kcal

—— ZUTATEN ——

- 50 g Maiskörner
- 3 EL Rapsöl
- 2 EL Puderzucker

— ZUBEREIUNG —

1. Geben Sie zunächst Rapsöl in einen großen Topf. Geben Sie den Popcorn-Mais dazu und verteilen Sie ihn gleichmäßig auf dem Boden.

2. Erhitzen Sie den Topf mit beschlossenem Deckel auf höchster Stufe und warten Sie. Nach circa 5 Minuten fängt das Popcorn an zu ploppen. Warten Sie dann noch eine weitere Minute.

3. Nehmen Sie, wenn das Prasseln viel weniger wird, den Topf vom Herd und warten Sie ein wenig, bis der Spätzünder geploppt ist.

4. Geben Sie das Popcorn in eine große Schüssel, lassen Sie es leicht abkühlen, bestreuen Sie es mit Puderzucker und vermengen Sie es. Wie süß das Popcorn wird, bestimmt ihr selbst. Salzige Popcorn gehen auch.

Süße Sesamriegel

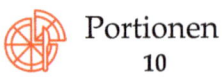 Portionen
10

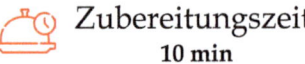 Zubereitungszeit
10 min

 Kalorien p. P.
277 kcal

— ZUTATEN —

- 200 g Sesam
- 30 g Leinsamen
- 30 g Kürbiskerne
- 30 g Sonnenblumenkerne

- 150 g Erdnussmus
- 100 g Reissirup
- ½ TL Zimt

— ZUBEREIUNG —

1. Heizen Sie zunächst den Ofen auf 180 °C vor.

2. Vermengen Sie dann Kürbiskerne, Leinsamen, Sonnenblumenkerne und Sesam in einer Schüssel.

3. Geben Sie Erdnussmus, Reissirup und Zimt dazu und verrühren Sie alles zu einer zähen Masse. Es sollte alles gut zusammenkleben. Geben Sie, wenn dies nicht der Fall ist, einfach noch ein wenig Reissirup hinzu.

4. Legen Sie eine Backform oder Auflaufform mit Backpapier aus und geben Sie die Masse hinein. Verteilen Sie sie gut und drücken Sie sie mit einem Löffel etwas an.

5. Backen Sie die Sesamriegel für etwa 20 Minuten. Lassen Sie sie dann vollständig abkühlen und schneiden Sie sie in Riegel. Es ergibt etwa 10–12 Sesamriegel.

Energiereiche Kokos-Bälle

 Portionen
10

 Zubereitungszeit
15 min

 Kalorien p. P.
233 kcal

— ZUTATEN —

- 150 g gemahlene Mandeln
- 3 EL Honig
- 4 EL Kokosnuss-Mus
- 150 g Kokosraspeln
- 4 Datteln
- 1 Prise Salz

— ZUBEREIUNG —

1. Entsteinen Sie zunächst die Datteln und hacken Sie sie fein. Stellen Sie 50 g Kokosraspeln zum Wenden beiseite.

2. Geben Sie alle anderen Zutaten in eine Schüssel und verkneten Sie sie mit den Händen, einem Mixer oder mit dem Knethaken eines Handrührgeräts miteinander.

3. Stechen Sie mit einem Esslöffel Teig ab, drücken Sie ihn mit den Händen zusammen, formen Sie ihn dann zu Kugeln und wälzen Sie sie in den Kokosraspeln.

4. Die Bälle sind im Kühlschrank in einer luftdichten Dose etwa 1 Woche haltbar.

In Schokolade umhüllte Amarantriegel

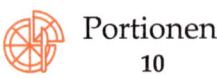 Portionen
10

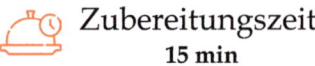 Zubereitungszeit
15 min

 Kalorien p. P.
258 kcal

—— ZUTATEN ——

- 100 g gepuffter Amarant
- 200 g weiße Schokolade
- 200 g Tahini aus Sesam
- 1 Prise Salz

—— ZUBEREIUNG ——

1. Rühren Sie zunächst Milch, Eier, Schmand, Zucker, Vanillezucker und Puddingpulver mit einem Handrührgerät glatt. Fetten Sie eine Auflaufform mit der Butter aus und heizen Sie den Backofen auf 180 °C(Umluft 160 °C) vor.

2. Tunken Sie den Zwieback von beiden Seiten in die Schmandcreme und legen Sie sie in die Auflaufform. Füllen Sie die Lücken mit Kirschen aus. Gießen Sie die restliche Creme darüber und backen Sie das Ganze im Ofen für 45 Minuten. Decken Sie die Form nach 20 Minuten Backzeit mit Backpapier ab, damit die Oberfläche nicht zu braun wird.

Fettarme Quarkbällchen

 Portionen
4

 Zubereitungszeit
20 min

 Kalorien p. P.
300 kcal

—— ZUTATEN ——

- 150 g Dinkelmehl
- 150 g Quark
- 30 g Rohrzucker
- 1 Packung Vanillezucker
- 1 TL Zimt
- 2 EL Zucker
- Etwas Margarine
- 2 Eier
- 2 EL Mineralwasser

—— ZUBEREIUNG ——

1. Schlagen Sie zunächst die Eier auf und schlagen Sie sie mit Rohrzucker und Vanillezucker mit einem Handrührgerät schaumig.

2. Rühren Sie Quark nach und nach unter und geben Sie einen Schuss Mineralwasser dazu.

3. Geben Sie Mehl zu den restlichen Zutaten. Verrühren Sie alles zu einem glatten Teig.

4. Formen Sie aus dem Teig etwa 8 bis 9 kleine Quarkbällchen.

5. Backen Sie sie in der Heißluftfritteuse bei 180° etwa 6 bis 7 Minuten.

6. Bepinseln Sie die fertigen Quarkbällchen mit Margarine und wälzen Sie sie in Zimt und Zucker.

Vegane Erdmandelkekse

 Portionen
5

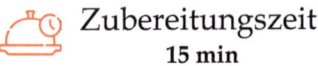 Zubereitungszeit
15 min

 Kalorien p. P.
246 kcal

—— ZUTATEN ——

- 100 g Erdmandelmehl
- 1 EL Leinsamen
- 1 EL gemahlene Flohsamen-schalen
- 1 EL Maisstärke
- 2 EL Kokosöl

- 2 EL Reissirup
- 1 TL Backpulver
- Etwas Vanille
- Etwas Zimt
- 1 Prise Salz

—— ZUBEREIUNG ——

1. Vermengen Sie zunächst die geschroteten Leinsamen mit 3 EL Wasser und lassen Sie sie 10 Minuten quellen.
2. Schmelzen Sie in der Zwischenzeit Kokosöl in einem kleinen Topf.
3. Vermengen Sie Erdmandelmehl, Flohsamenschalen, Stärke, Backpulver, Vanille, Zimt und Salz.
4. Geben Sie Kokosöl, Reissirup und Leinsamen dazu und verrühren Sie alles gut.
5. Formen Sie mit der Hand kleine Kekse, verteilen Sie sie auf einem Backblech und drücken Sie sie etwas an. Backen Sie sie im vorgeheizten Backofen bei 180 °C 10–15 Minuten und lassen Sie sie vollständig auskühlen. Der Teig ergibt etwa zehn kleine Kekse.

Leckere Erdmandelkartoffeln

 Portionen
6

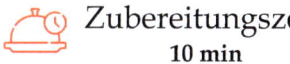 Zubereitungszeit
10 min

 Kalorien p. P.
216 kcal

— ZUTATEN —

- 100 g Erdmandelmehl
- 1 EL Rapsöl
- 1 TL Zimt
- 80 g Mandeln
- 50 g Reissirup
- 20 g Puderzucker

— ZUBEREIUNG —

1. Vermischen Sie zunächst Erdmandelmehl, Puderzucker, Zimt und gemahlene Mandeln.
2. Rühren Sie Rapsöl und Reissirup unter. Rühren Sie ggf. noch etwas mehr Reissirup unter, bis eine feste Masse entsteht, die aneinanderklebt. Zerteilen Sie nun die Masse in kleine Stücke, formen Sie sie zu Kugeln und fertig!

Glutenfreie Haferflocken-Cracker

 Portionen
4

 Zubereitungszeit
20 min

 Kalorien p. P.
363 kcal

—— ZUTATEN ——

- 100 g Haferflocken
- 75 g Reismehl
- 40 g Leinsamen
- 60 g Mandelmehl

- 4 EL Olivenöl
- 1 TL Salz
- 150 ml Wasser

—— ZUBEREIUNG ——

1. Vermischen Sie zunächst alle trockenen Zutaten. Geben Sie Olivenöl und Wasser hinzu und vermischen Sie sie zu einem glatten Teig.
2. Rollen Sie den Teig zwischen zwei Lagen Frischhaltefolie aus. Schneiden Sie sie in 40 Stücke. Legen Sie sie auf ein mit Backpapier belegtes Backblech.
3. Backen Sie sie bei 225 °Crund 10 Minuten lang. Die Kräcker sollten bräunen, ohne allzu dunkel zu werden.

Gesunde Apfelchips

 Portionen
4

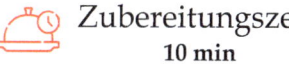 Zubereitungszeit
10 min

 Kalorien p. P.
62 kcal

—— ZUTATEN ——

- 3 Äpfel
- 1 TL Zimt

—— ZUBEREIUNG ——

1. Waschen Sie zunächst die Äpfel, schneiden Sie sie in dünne Scheiben und entfernen Sie das Kerngehäuse mit einem Messer.
2. Verteilen Sie die Apfelscheiben auf einem mit Backpapier ausgelegtem Blech und bestreuen Sie sie mit Zimt.
3. Backen Sie sie im vorgeheizten Backofen bei 90 °C für etwa 2 bis 2,5 Stunden. Öffnen Sie alle 10 bis 15 Minuten die Ofentür, damit die Feuchtigkeit entweichen kann und eure Apfelchips schön knusprig werden. Lassen Sie sie anschließend abkühlen und genießen Sie sie.

Löwenzahn-Apfel-Smoothie

 Portionen
2

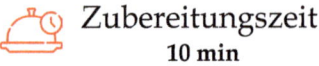 Zubereitungszeit
10 min

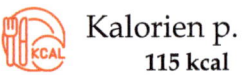 Kalorien p. P.
115 kcal

—— ZUTATEN ——

- 150 g Apfel
- 80 g Löwenzahn
- ½ Salatgurke
- 100 g Wasser
- 2 TL Leinöl

—— ZUBEREIUNG ——

1. Waschen Sie zunächst Apfel, Löwenzahn und Salatgurke.
2. Zerkleinern Sie die Zutaten grob und pürieren Sie sie zusammen mit den anderen Zutaten im Mixer oder mit dem Pürierstab fein.

3. Die Menge reicht mit der angegebenen Menge Wasser für 2 große Gläser á 0,3 Liter grünen Smoothie und ist recht dickflüssig.

Einfache gebrannte Mandeln

 Portionen
3

 Zubereitungszeit
20 min

 Kalorien p. P.
396 kcal

ZUTATEN

- 150 g Mandeln
- Etwas Zimt
- 75 g Traubenzucker
- 60 ml Wasser

ZUBEREIUNG

1. Vermengen Sie zunächst Zucker, Wasser & Zimt in einer Schüssel. Optional können auch weitere Gewürze wie Kardamom & Vanille verwendet werden.

2. Kochen Sie die Zuckermasse in einem Topf auf. Geben Sie, wenn der Zucker sich komplett gelöst hat, die Mandeln hinzu.

3. Lassen Sie sie unter ständigem Rühren etwa 5–8 Minuten köcheln, bis der Traubenzucker karamellisiert und die Flüssigkeit verdampft ist.

4. Verteilen Sie die Masse auf einem mit Backpapier ausgelegtem Backblech und schieben Sie sie auseinander, damit die Mandeln nachher nicht aneinanderkleben. Lassen Sie sie vollständig abkühlen und genießen Sie sie.

Low carb Mini-Pizzen mit Hüttenkäse

 Portionen
2

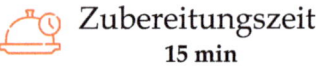 Zubereitungszeit
15 min

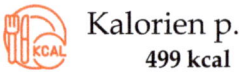 Kalorien p. P.
499 kcal

— ZUTATEN —

- 250 g Hüttenkäse
- 150 g Paprika
- 3 Schalotten
- 50 g gemahlene Mandeln
- 2 EL Dinkelvollkornmehl
- 2 Eier
- Etwas Petersilie

- Etwas Basilikum
- Etwas Rosmarin
- Etwas Pfeffer
- Etwas Salz
- 1 EL Rapsöl

— ZUBEREIUNG —

1. Waschen, entkernen und schneiden Sie die Paprika fein. Schälen Sie die Zwiebel und schneiden Sie sie fein. Waschen Sie Petersilie, Basilikum und Rosmarin, trocknen Sie sie und hacken Sie sie fein.

2. Heizen Sie den Backofen auf 200 °C vor. Legen Sie das Backblech mit Backpapier aus und bestreichen Sie sie dünn mit Rapsöl.

3. Gießen Sie die Feuchtigkeit des Hüttenkäses ab. Vermischen Sie Eier, Paprika, Schalotten, Kräuter, Mandeln, Dinkelmehl und den Hüttenkäse zu einem Brei und schmecken Sie es mit Salz und Pfeffer ab.

4. Formen Sie die Masse auf dem gefetteten Backpapier zu sechs Talern und backen Sie sie im heißen Ofen für 10 Minuten. Drehen Sie danach die Taler mit einem Pfannenwender vorsichtig um und backen Sie sie für weitere 8 Minuten.

Low carb Mandelmehl-Brot

 Portionen
10

 Zubereitungszeit
20 min

 Kalorien p. P.
195 kcal

— ZUTATEN —

- 200 g Mandelmehl
- 2 Eier
- 20 g gemahlene Flohsamenschalen
- 300 g Magerquark
- ½ Packung Backpulver
- ½ TL Salz
- 20 g Kürbiskerne
- 1 EL Olivenöl
- 20 g Mandeln

— ZUBEREIUNG —

1. Vermischen Sie zunächst Mandelmehl, Salz, Backpulver und Flohsamenschalen.
2. Schlagen Sie Eier auf und rühren Sie sie unter. Geben Sie Quark, Olivenöl und 3 EL Wasser dazu und verrühren Sie alles zu einem glatten Teig.
3. Fetten Sie nun eine kleine Kastenform ein oder legen Sie sie mit Backpapier aus. Füllen Sie den Teig rein. Streuen Sie die Kürbiskerne und gehackte Mandeln darüber.
4. Backen Sie das Brot im vorgeheizten Backofen bei 180° ca. 45 bis 50 Minuten.

Gemüsebrühe ohne Geschmacksverstärker

 Portionen
6

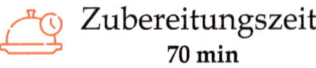 Zubereitungszeit
70 min

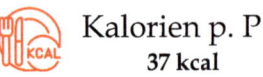 Kalorien p. P.
37 kcal

—— ZUTATEN ——

- 4 Möhren
- 2 Porree
- 15 g Liebstöckel
- 60 g Petersilie

- 1 Zwiebel
- 2 l Wasser
- 2 TL Salz

—— ZUBEREIUNG ——

1. Waschen Sie zunächst Möhren, Porree und je 1 Bund Petersilie und Liebstöckel und schneiden Sie alles grob. Schälen Sie die Zwiebel nur leicht und vierteln Sie sie. Kochen Sie das Gemüse mit 2 Liter heißem Wasser auf. Lassen Sie es bei kleiner Hitze eine Stunde köcheln.

2. Gießen Sie dann die Gemüsebrühe durch ein feines Sieb und salzen Sie sie erst danach. Auf diese Weise erhält man etwa 1,8 Liter Gemüsebrühe – wer seine Gemüsebrühe kräftiger mag, lässt sie noch etwas länger einkochen.

3. Aus diesem „Gemüsebrühe selbst machen Rezept" bekommt man ungefähr 1800 ml Gemüsebrühe, also 6 Gläser a 300 ml.

Rote Bete-Rosmarin-Chips

 Portionen
1

 Zubereitungszeit
15 min

 Kalorien p. P.
103 kcal

—— ZUTATEN ——

- 2 Rote Bete
- 1 EL Olivenöl
- ½ TL Salz
- 1 Zweig Rosmarin

— ZUBEREIUNG —

1. Schälen Sie zunächst die Rote Bete und hobeln Sie sie mit einem Gemüsehobel fein. Je dünner die Scheiben, desto knuspriger werden sie.
2. Lösen Sie Rosmarin von den Zweigen und hacken Sie ihn fein. Geben Sie die Rote Bete Scheiben gemeinsam mit dem Olivenöl und dem Rosmarin in eine Schale und vermengen Sie sie gut.
3. Verteilen Sie die Scheiben auf einem mit Backpapier ausgelegtem Backblech. Achten Sie darauf, dass sich die Scheiben nicht berühren.
4. Schieben Sie das Blech in den Ofen und backen Sie die Scheiben etwa 40 bis 50 Minuten bei 120 °C Ober- und Unterhitze knusprig, bis sie austrocknen und etwas wellig werden. Öffnen Sie zwischendurch immer mal wieder die Ofentür, damit die Feuchtigkeit entweichen kann.
5. Lassen Sie sie zum Schluss gut auskühlen, bestreuen Sie sie mit dem Salz und fertig!

Gesunde Zucchini-Chips

 Portionen
2

 Zubereitungszeit
15 min

 Kalorien p. P.
134 kcal

— ZUTATEN —

- 1 Zucchini
- 3 EL Rapsöl
- 1 TL Salz
- 1 TL Pfeffer

— ZUBEREIUNG —

1. Waschen Sie zunächst die Zucchini und schneiden Sie sie in dünne Scheiben. Verteilen Sie die Scheiben auf einer Lage Küchenpapier, bedecken Sie sie mit Küchenpapier und pressen Sie so viel Feuchtigkeit wie möglich heraus.

2. Verteilen Sie sie gleichmäßig auf einem mit Backpapier belegten Backblech. Streichen Sie sie mit einem Küchenpinsel dünn mit dem raffinierten Rapsöl ein. Würzen Sie sie mit Salz und Pfeffer.

3. Backen Sie die Zucchini-Chips bei 120 °CCelsius im Ofen. Solange sie noch am Papier kleben, sind sie noch nicht fertig. Die Backzeit kann bis zu 2 Stunden betragen.

Leckeres Löwenzahn-Pesto mit Macadamianüssen

 Portionen
6

 Zubereitungszeit
15 min

 Kalorien p. P.
275 kcal

—— ZUTATEN ——

- 200 g Löwenzahn
- 50 g Rapsöl
- 50 g Olivenöl
- 100 g Macadamianüsse
- 2 Knoblauchzehen
- Etwas Pfeffer
- ½ TL Salz

—— ZUBEREIUNG ——

1. Waschen Sie zunächst den Löwenzahn und trocknen Sie ihn. Schälen Sie die Knoblauchzehen.

2. Zermahlen Sie Löwenzahn, Knoblauchzehen, Macadamianüsse, Olivenöl und Rapsöl in einem Standmixer oder mit einem Pürierstab zu einem Pesto. Schmecken Sie es mit Salz und Pfeffer ab.

3. Füllen Sie das Löwenzahn-Pesto in ein Glas und bewahren Sie es im Kühlschrank auf.

Belgische Waffeln

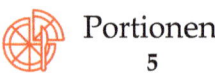 Portionen
5

 Zubereitungszeit
25 min

 Kalorien p. P.
621 kcal

— ZUTATEN —

- 300 g Dinkelmehl
- 250 ml Milch
- 175 g Butter
- 80 g Zucker
- ½ Packung Backpulver
- 3 Eier
- Etwas Salz
- 2 TL Puderzucker

— ZUBEREIUNG —

1. Geben Sie für die belgischen Waffeln ohne Hefe als erstes Butter, Zucker und Salz in eine Schüssel und schlagen Sie sie mit dem Handmixer auf höchster Stufe auf, bis der Zucker aufgelöst ist.

2. Geben Sie die Eier hinzu und rühren Sie ihn ausgiebig weiter, bis der Teig schön schaumig ist.

3. Vermischen Sie Dinkelmehl und Backpulver und rühren Sie es kurz unter den Teig. Fügen Sie Milch hinzu und rühren Sie das Ganze erneut kurz durch.

4. Heizen Sie das Waffeleisen vor, fetten Sie es gut mit Butter ein und geben Sie den Waffelteig hinein. Backen Sie die belgischen Waffeln ohne Hefe einige Minuten aus, bis sie goldbraun sind.

5. Bestreuen Sie die noch warmen Waffeln mit Puderzucker.

Kurkuma-Ingwer-Tee

 Portionen
4

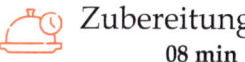 Zubereitungszeit
08 min

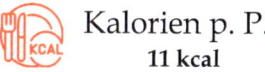 Kalorien p. P.
11 kcal

—— ZUTATEN ——

- 1 Liter heißes Wasser
- 1 Kurkuma-Kapsel
- Etwas Ingwer
- 1 Prise schwarzer Pfeffer
- 1 TL Honig

— ZUBEREIUNG —

1. Schälen Sie zunächst den Ingwer und reiben Sie ihn fein.

2. Geben Sie die Kurkuma-Kapsel, Ingwer und etwas Pfeffer in eine Thermoskanne und gießen Sie es mit einem Liter kochendem Wasser auf.

Haftungsausschluss

Die Umsetzung aller enthaltenen Informationen, Anleitungen und Strategien dieses Werkes erfolgt auf eigenes Risiko. Für etwaige Schäden jeglicher Art kann der Autor aus keinem Rechtsgrund eine Haftung übernehmen. Für Schäden materieller oder ideeller Art, die durch die Nutzung oder Nichtnutzung der Informationen bzw. durch die Nutzung fehlerhafter und/oder unvollständiger Informationen verursacht wurden, sind Haftungsansprüche gegen den Autor grundsätzlich ausgeschlossen. Ausgeschlossen sind daher auch jegliche Rechts- und Schadensersatzansprüche. Dieses Werk wurde mit größter Sorgfalt nach bestem Wissen und Gewissen erarbeitet und niedergeschrieben. Für die Aktualität, Vollständigkeit und Qualität der Informationen übernimmt der Autor jedoch keinerlei Gewähr. Auch können Druckfehler und Falschinformationen nicht vollständig ausgeschlossen werden. Für fehlerhafte Angaben vom Autor kann keine juristische Verantwortung sowie Haftung in irgendeiner Form übernommen werden.

Urheberrecht

Alle Inhalte dieses Werkes sowie Informationen, Strategien und Tipps sind urheberrechtlich geschützt. Alle Rechte sind vorbehalten. Jeglicher Nachdruck oder jegliche Reproduktion – auch nur auszugsweise – in irgendeiner Form wie Fotokopie oder ähnlichen Verfahren, Einspeicherung, Verarbeitung, Vervielfältigung und Verbreitung mithilfe von elektronischen Systemen jeglicher Art (gesamt oder nur auszugsweise) ist ohne ausdrückliche schriftliche Genehmigung des Autors strengstens untersagt. Alle Übersetzungsrechte vorbehalten. Die Inhalte dürfen keinesfalls veröffentlicht werden. Bei Missachtung behält sich der Autor rechtliche Schritte vor.

Printed in Poland
by Amazon Fulfillment
Poland Sp. z o.o., Wrocław

15020177R00072